常民へのまなざし

佐伯安一先生米寿記念文集

佐伯安一先生プロフィール

昭和５年１月２日生
富山県砺波市久泉160　〒939-1314

富山民俗の会代表
日本民俗学会評議員
日本民俗建築学会名誉会員
砺波散村地域研究所所員
（元富山県文化財保護審議会会長・砺波郷土資料館館長）
主著　『砺波民俗語彙』昭和36年 高志人社
　　　『富山民俗の位相』平成14年 桂書房
　　　『近世砺波平野の開発と散村の展開』平成19年 桂書房
　　　『合掌造り民家成立史考』平成21年 桂書房
共著　『富山県史民俗編』昭和48年 富山県
　　　ほか

平成６年　富山県功労表彰
平成12年　勲五等瑞宝章
平成14年　北日本新聞文化功労賞
平成15年　竹内芳太郎賞（日本民俗建築学会より）
平成25年　日本建築学会文化賞

献呈の辞

この度、富山民俗の会代表佐伯安一先生におかれては米寿を迎えられた。慶祝の限りである。

十三歳の砌《みぎり》方言研究を糸口として民俗研究に志されたというから、研究歴は優に七十年を超える。

先生のご研究は方言をはじめとして、民家、ふるさと料理、獅子舞、年中行事、五箇山、民俗信仰、民謡と多岐にわたり、それらは大冊『富山民俗の位相』に集成されている。その他『砺波民俗語彙』、『近世砺波平野の開発と散村の展開』、『合掌造り民家成立史考』等を著されている。

これらの著作により、平成十五年日本民俗建築学会より竹内芳太郎賞を、平成二十五年日本建築学会より日本建築学会文化賞を受賞されている。

そして先生の研究手法の強みは、民俗研究に古文書を援用されることであろう。

また先生は、性は温厚篤実にして冷静沈着、会運営に当たっても常に的確な方向性を示される。我々後進の指導に当たっても、持てる知識を惜しげもなく授けて下さり、公平無私に接して下さる。

ついでながら、先生が時に興に乗ると歌われる朝日町の古老直伝の「下新川田植え唄」は出色で、人の心を動かさずにはいない。自らが民俗の実践者、伝承者であられる。

このような先生に祝意と謝意を表すとともに、謹んで本書を捧げたい。ご納受いただければ幸甚である。

先生の益々のご健勝、ご健筆を祈念しつつ、献呈の辞といたします。

なおご多忙の中巻頭に玉稿を賜った佐伯先生、及び原稿をお寄せいただいた執筆者の皆様に末尾ながら厚く御礼申し上げます。

平成二十八年一月二日

佐伯安一先生米寿記念文集
編集委員会

もくじ

民俗研究七十三年

佐伯安一

はじめに

いつの間にか米寿といわれる年になった（昭和五年生まれで数え八十七歳なのであるが、一月二日は戸籍上のことで、本当は前年暮の十二月二十八日である。二十五祝のとき同級生と離れるのが淋しくて、十二月を基準に同年会をしたので、村の老人会番付では八十八歳になっている。今はこれに従う）。

たどたどしい歩みながらいろんなことに関心を持ち、長生きしたお陰で少しは仕事も溜まった。交友関係者で文集を出すから思い出を書いてほしいとの依頼なので、臆面もなく応ずることにした。以下、扱った分野ごとに記憶を整理してまとめてみた。何かの参考になれば幸いである。

一、方言採集

私の民俗研究は方言採集から始まった。方言に関心を持った動機はこうである。

小学校を卒業して高岡商業学校（現高岡商業高校）へ進学したのは昭和十七年。高岡までは城端線の出町駅から乗車したのであるが、それまでに乗っている城端や福光、福野の学生たちが声高にしゃべっている。お前というのをキャーとかキャーラッというのが耳についた。学校へ着いてみると高岡のイッタッタ、キタッタことば、氷見のヘンへ（先生）。狭い富山県の西半分でどうしてこんなにもことばが違うのか。せめて砺波地方だけでも採集してみようかと手帳に記録し始めたのは、二年生の昭和十八年。満十三歳の時であった。

そのころ、柳田国男の『方言覚書』を読んでいたが、国語の教科書に柳田のいろりの座の話が載っていたので嬉しかった。そして、自分の暮らしている当たり前のことが、学問の対象になることにびっくりした。また、学校の図書室に柳田の『郷土生活の研究法』があって、方言研究には言葉の実体である民俗事象を調べなければならないと気付いた。

卒業したのは終戦翌年の昭和二十一年三月で、その年の八月、高岡守山町の学海堂へ寄ったところ、『柳田国男編輯、民間伝承』復刊第一号が目に入った。躍るような思いで「民間伝承の会」（現日本民俗学会）へ入会を申し込むと、しばらくして許可のはがきが来た。差出人は当時事務局長をしていた橋浦泰雄で、「少々お若いと思いますが、御熱心のこと故、入会を認めます」とあった。学校を卒業して就職していたので、自分ではいっぱしの社会人のつもりでいた。

さて、方言採集カードもだいぶたまったので、「郷土生活の研究法」の分類に従って整理し、昭和二十九年の春から自分でガリ版を切って「砺波民俗方言集稿」というのを分冊で出し始めた。いろんな人に見てもらって、足りないところを教えてもらうためで、八冊まで出した。それを柳田先生はどこで見られたのか、金沢の加能民俗の会主宰の長岡博男さんの方へ「ぜひ見たい」といって来られた（多分、長岡さんが一冊送られたのではないかと思う）。長岡さんから柳田先生へ全冊送るようにと来信があったので、早速お送りすると、礼状と自著一冊が送られてきた。礼状には「一度出てくるように」とあった。

そのころ私は、砺波商工会議所へ勤め始めていたが、三十一年七月に東京の日本商工会議所で職員講習会があったので、その帰りに成城の柳田邸へのこのこお邪魔した。

当時先生は、書斎と蔵書を開放して民俗学研究所とされていた。そこで待っていると呼び出しがあって、応接室へ案内された。話の内容はいろいろあったが、一つ記憶に残っているのは、先生は「私が民俗学を本気でやるようになったのは四十歳ごろからだよ。焦ることはないよ」ということであった。私がよほどせっかちなことを言ったからだと思う。

その後方言集は『砺波民俗語彙』として、昭和三十六年に高志人社から出版された。早速先生の方へお送りすると、例の顔写真入りのおはがきが来た。

御恵贈の砺波民俗語彙有難く拝受、早速拝見し始め、精読の為に一夕を費やして漸く六十頁ニ達し候。先ハ我レ遠地の者には数週を費やしてもなほ学得がたき知識なるのみか、土地の若人たちにも始めて之に由って父祖の困苦を詳にし得る尤も尊き事業と推服仕候。何とそして多数の学徒にも此喜びを分ち度ものと存候。能ふべくハ二三の最も感謝する人を推薦し度存居候。御礼まで

（住所略）柳田　国男

（追伸）

此利用ハ図書館の役目なれど中々注意行とどかず候。出来るなら小生も若干部御下受申度存候。そのうち上京の日を待申候。

（昭和36・4・7付）

ここでも「そのうち上京の日を待申候」とあったが果たさなかった。三十一年の訪邸は「松坂の一夜」であった。

その後の方言の仕事としては次のようなものがある。

「砺波ことば」北日本新聞　昭和37・7・15～7・25　10回連載

高岡の方言　第1集（語彙）　昭和60・3

〃　第2集（方言分布図）　昭和61・3

〃　第3集（自由会話）　昭和62・3

昭和五十九年度から六十一年度まで、高岡市教育委員会主催の婦人ボランティア活動研究講座で方言調査コースを担当し、受講生とともに右の三集を出した。特に第2集ではイッタタことばの市内における分布と、それが能登から広がったことを明らかにした。

入善町史通史編　平成2・10

ここで民俗編を担当したとき、下新川方言について概説した（P．708～715）。

氷見市史6（資料編四）　平成12・5

ここで民俗編を担当したとき、氷見方言について概説した（P．487～500）。

また、県内の民俗調査では常に民俗語彙に留意してきた。

二、民　家

昭和二十四年から北日本新聞の砺波支局へ勤め、自転車で砺波平野をかけ回っていた。そのころの民家はみな茅ぶきであったが、屋根の形が微妙に違うことに気がついた。そこで、五万分の一の地図に集落ごとにしらみつぶしに記入していった。その結果を北陸三県の地学会で発表し、機関誌の『自然と社会』18号（昭

和28・3）に掲載された。これが民家研究の始まりである。当時の民家調査は楽で、趣旨さえ理解してもらえば家の中全部、寝室まで見せて下さった。家の中に家具らしいものは何にもなかったから、写真も撮りやすかった。

その後、観察は県内全域に広がった。また、その頃発足した日本民俗建築学会に入会し、年二回の見学会に参加して全国各地の民家を見て回った。

昭和三十年代後半から高度経済成長期に入って、家屋の改築ブームが到来し、茅ぶきの家はどんどん姿を消していった。それは恐竜時代の終わりにマンモスが次々と絶滅していった姿にも似ている。胸がしめつけられる思いで、壊される民家を見て回った。

昭和五十二年、県教育委員会文化課で県内の民家緊急調査が行われたときはその計画に参画し、砺波市内の調査に当たった。

昭和四十二年、北日本新聞に小文ながら「越中の民家」を一二回連載、昭和五十三年には漆間元三さんと分担して北日本新聞に毎週「民家有情」を一年にわたって連載した。

日本建築学会住宅小委員会が、平成二年に県民会館で開かれたとき、富山県の民家について概説した。平成十四年に出した『富山民俗の位相』では第一章を「民家」に充てた。

私は、職は始めのころ転々としたが、昭和三十四年から経理屋として勤めた市堰建工㈱は、昭和六十二年まで二十八年間勤めた。ここは製材所と建設会社だったから建築士がおり、第一線の大工さんと付き合いがあり、民家を調べるのに都合がよかった。また、調査や会合でしょっちゅう席を明けたが、それを大目に見てくれたので随分助かった。

三、五箇山と合掌造り

砺波平野の南には一〇〇〇メートル前後の山並みが、屏風を立てたように連なっている。高清水山系《たかしょうず》で、その向こうは庄川上流の五箇山である。平野の民俗を調べていると「山の彼方」が気になって仕様がない。

初めて五箇山を訪れたのは昭和二十八年五月、細尾峠の雪も除雪されて車が入るようになり、加越能バス砺波営業所から初めての定期運行の試運転に行くというので、頼んで乗せてもらった。上梨まで往復しただけであったが、まだ合掌造りがたくさんある時代であった。覆いかぶさる茅ぶきの大きな屋根、妻壁の板のかき餅の焦げたような色。すっかり魅了されてしまった。

昭和二十九年の暮れ、それまでの新聞社勤めをやめて、上平小学校成出冬期分校の代用教員になった。五箇山の民俗調査を一生の仕事にしたいと思ったからである。ところが、その年から教員の門が狭くなって、五箇山生活は一冬で終わった。

しかし、求めれば与えられるもので、その後五箇山調査の仕事が幾つも続いた。昭和四十四、五年度には県教育委員会の五箇山民俗緊急調査があり、私は合掌造りを担当した。五十四、五年度にはこれも県教委の歴史の道調査があり、朴峠道をはじめ、各峠を歩いた。そのころ平村史の編纂が進んでいて、民俗編を任された。平村史は下巻が五十八年、上巻が六十年の刊行だったので、ゆっくり調査することができた。この時は編纂室の高田善太郎さんのお世話になり、亡くなられるまで付き合いが続いた。

昭和六十一年には念仏道場の県指定のための調査、六十二年には国選択の利賀のはつうま行事の調査報告書、この年、富山民俗の会では相倉の調査を行い、『相倉民俗誌』を出した。平成三年にはKNBの「道を辿る」の録画があり、再び各峠道を歩いた。

小瀬の羽馬家の県文化財指定のための調査は平成九年であったが、このころは建物とともに膨大な古文書の調査にも入っていた。平成十一年から十三年まで続いた、金沢市と南砺市のチームによる塩硝の道調査ではこの文書が随分役に立った。

平成十二年、上平村が文化庁の補助で行なった菅沼の五箇山民俗館の民具調査と、「屋根ふきと結い」調査では、民族文化映像研究所の姫野忠義さんと一緒に作業を行なった。平成十五年から始まった上平村の古文書調査は、合併後の同二十年にようやく終わった。

五箇山・白川の合掌造りの多くは、近世中期から氷見の大窪大工集団によって建てられている。平成六年から関わって十二年に刊行された氷見市史民俗編では、大窪大工について深く調べることができた。さらに、五箇山・白川に残る大窪大工の手になる建造物二九棟を探し出して、悉皆調査を行なった。

これをきっかけに合掌造りの歴史にとり組んだ。年代的に実証できる資料をつないで、成立から発展の流れをつかもうとしたのである。羽馬家文書では、近世初期正保五年（一六四八）の「家立につき持山の木伐取願」や、以後二回の普請帳があった。上平村の古文書調査では明治二十二年、各集落から集めた「家屋取調帳」に遭遇し、この時期まだ屋根だけの合掌小屋造りが二割も残っていたことが判明した。

また、全国の民家の中での合掌造りの特長を三点指摘した。①六十度正三角の小屋組は、全国で加賀と越中西部だけであり、合掌造りもその分布圏の中で生まれたこと。②柱立ての家は掘立柱ながら、中世末の十六世紀に現れるが、同時に多くの合掌小屋造りも併存していたと思われる。それが次第に減少して、文化十二年の細島村では半数、また前記のように、明治半ばにはまだ二割も残っていたこと。③入口が妻入り民家の分布は、滋賀県の湖北地方から若狭、越前、加賀に至るが、五箇山の庄川本流筋の妻入りはこの圏内に入ること。

こうして平成二十一年二月、『合掌造り民家成立史考』を発刊することができた。同二十五年、この著を中心とする民家研究の業績を推薦する人があって、日本建築学会の文化賞を授与された。いままでいろんな賞を頂いているが、この賞は望外の喜びであった。

四、食文化

食習についてはいろいろな仕事に関わったが、昭和三十六年の『砺波民俗語彙』で砺波地方のものをまとめていたので、以後は比較的スムーズに進めることができた。

昭和四十年の『砺波市史』、四十八年の『富山県史民俗編』、四十九年には明玄書房の『北中部の衣と食』で富山県の部を担当した。五十四年には巧玄出版の『富山のふるさと料理』に関わった。レシピは県民会館の料理教室の講師粟島文子さん、写真はベテランの風間耕司さんであった。それまで郷土料理でもレシピまで書いた本は無かったのでよく売れ、一万部を出したというから、県内の出版物ではベストセラーであった。

平成元年、農文協の『聞き書富山の食事』は、県の生活改良普及員の皆さんとチームを組んだので、よい勉強になった。

平成十年、第八回全国食文化交流プラザが富山県で行われて、「食祭とやま'98」として全県あげての大イベントとなった。このときは企画委員会に属し、食文化フォーラムや新聞社の事業に加わって忙しかった。このイベントは一回切りでなく、その後、福野・魚津・富山・氷見・黒部・高岡と毎年リレーされた。このとき各地で「食の伝承人」が何人かずつ選ばれたので、この人たちからお話を聞けたのは有り難かった。

古文書には庶民の食生活の様子はなかなか出てこないが、気をつけているとよい記録に出逢うことがある。婦負郡寒江村中沖、十村役嶋倉家の寛政十一年（一八二三）「遊日喰事之留」と、砺波郡苗加村斉藤家の「世帯鏡」である。共に住み込みの作男のいる豪農で、年中行事や農事暦に添った日常食を記録しており、県の東西の食習を知ることのできる好例である。それぞれ『とやま民俗』の№59と№78に復刻して解説した。

五、民　具

いま、砺波郷土資料館の収蔵する民具は一万三〇〇〇点を超え、砺波民具展示室ととなみ散居村ミュージアムの民具館に収蔵展示されている。収集当初からずっと関わってきたが、ここまでくるには長い経過がある。

昭和四十年、地元太田小学校のＰＴＡの役員をしていたとき、会と学校に働きかけて校下から民具を集めた。このときは三〇〇点あまりが集まった。高度成長期に入って生活が激変し、農具をはじめ、生活用具がどんどん捨てられている時期であった。その後この民具は後に私が館長をした砺波郷土資料館へ寄付され、類が類を呼んでだんだん増えていった。場所が狭くなるたびに何度も収蔵場所を変えたが、重いものや壊れそうなものもあって苦労した。収蔵カードをつけ、調査カードも作った。後任の新藤正夫さんと高原徹さんはさらに収集を続け、平成十九年には五五二八点が砺波市の文化財に指定された。

民具の研究歴としては、昭和四十九年、神奈川大学の常民文化研究所で開かれた第一回民具講座に出席したところ、宮本常一氏の発言によって民具学会を作ることが提案され、その翌年に発足した。すぐに入会し、現在に至っている。

その後、国立歴史民俗博物館が構想されていたころ、文化庁では予備調査として、全国の民具収蔵施設から一館一〇〇点程度の民具調査カードを求めてきたので、県文化課では昭和四十七年から四十九年にかけて一〇館の調査を行なった。私も県内の施設を見て回り、数館を担当した。

右のような見聞の中から、砺波市広報に「民具のこころ」として五十二年から五十四年まで、また、北日本新聞に「越中みんぐ民具」を五十四年から翌年にかけて五六回を毎週連載した。

県文化課では、平成元年度から三年度にかけて民具調査を実施し、富山民俗の会が委嘱されて行なった。平成十二年度から上平村では、前記のように文化庁の助成によって、菅沼の五箇山民俗館の民具調査を行なった。この時は、村のお年寄り二、三人にそばにいてもらい、使い方について聞き取りをしたところ、民具を通して昔の生活全般の話が出て有効であった。この方法を是非薦めたい。

六、獅子舞

富山県は獅子舞の多い県である。現行は八〇〇ほどであるが、かつてやったことがあるというのを加えると一二〇〇ほどになる。数においては全国一であろう。

昭和五十年、私が文化財審議委員になって間もなく、県教育委員会文化課から獅子舞調査をしたいと相談があった。しかし、数が多い上にいろんなタイプがあるので、迂闊に始めると八幡の藪知らずになる恐れがあった。単年度ではとても無理なので、一年間予備調査をし、そのあと二か年かけて本調査をすることにした。まず市町村へ依頼して、所在と祭日、タイプを調べた。大まかな回答が多かったが、おおよその傾向がわかったので調査表を作り、一七人の調査員を選んで三か所ずつ、計五一か所の現地調査を依頼した。五十一、五十二年の両年でまとめ、県教育委員会から『富山県の獅子舞』として報告書を出した。

これによって県西部は、人がたくさん入る百足獅子、県東部は前足と後足の二人獅子で、百足獅子には氷見・砺波・射水の三タイプ、二人獅子には上婦地方の金蔵獅子と下新川獅子の二タイプがあることが分かってきた。この三年間、私は全県の祭日別村名表を作り、勤務の合間を縫って県内をかけ回り、分布図を作成した。その後、平成二、三年度の民俗芸能調査、十一年度から十三年度にかけての祭り行事調査、十七年度の獅子舞百選などによって、ようやく一二〇三（H26・11・14現在）という全数がつかめた。県教育委員会という公の力でなくてはできない調査であった。

北海道へ越中獅子がたくさん伝わっていることも分かった。北海道開拓記念館の平成十七年度調査によると、富山県から伝承した獅子舞は五五件で、県別では突出している（北海道開拓記念館調査報告第45号）。

現行の獅子は近世後期に始まったものであるが、中世の獅子頭や獅子舞も少し発見された。文明十三年（一四八一）銘の八尾町布谷の柴野社の獅子頭をはじめ、行道獅子の名残りを残す魚津市小川寺集落の獅子舞などの古例も明らかになり、黒部市八心大市比古神社の桜井神主さん宅からは、慶長元年（一五九六）の「御獅子頭御入之家」という祓い獅子の巡回記録も出てきた。

平成九年、地方史研究協議会富山大会で「越中への獅子舞芸能の流入と分布圏形成」と題して発表した。近県へも調査を進め、県内の五タイプの獅子がどこから流入して、どのように変化し、どんな分布を示したかを調べたものである。その結果、砺波獅子は加賀から、二人立ちは伊勢神楽が源流で、そのうち金蔵獅子は尾張熱田派が飛騨を通じて神通川沿いに、下新川獅子は江戸派が北関東から信州・越後を通って入ってきたことが分かった。氷見獅子だけは地元で生まれ、逆に口能登へ広がっている。

七、近世農村史と砺波散村

砺波市史の編纂に関わったのは昭和三十六年からである。近世を仰せつかったが、当時は古文書も読めず、参考になる市町村史は坂井誠一氏の『宮崎村の歴史と生活』だけの時代であった。とりあえず、金沢市立図書館へ行って加越能文庫を閲覧し始めた。そこで元禄十五年の「加越能三ヶ国御絵図被仰付候覚書」に遭遇したことは幸いであった。その中に「砺波郡村名由来」があって、近世新村の村立て年と成立事情が列記されており、後の散村研究の土台になったからである。日曜ごとの金沢通いであったが、寒い閲覧室で、帰りの汽車時間を気にしながら、夢中になって筆写していたことが思い出される。

古文書との出逢いは市内の古文書調査で、近世初期十村役の金子家文書を発見したことであった。天正十七年（一五八九）にはじまり、近世初期改作法時代の史料がごっそり出てきた。藩内でも有数のもので、後に県の文化財に指定された。しかし、書体はまだお家流が確立しておらず読みにくい文書であった。市史の監修をしてもらっていた大門町の木倉豊信先生のお宅へ少しずつ運んで解読してもらった。正に門前の小僧であるが、これが随分勉強になった。

さて、加越能文庫の近世新村の史料を中心に、砺波郡の正保三年（一六四六）以降、幕末までの一覧表と分布図を作り、『越中史壇』に発表したあと、昭和四十年刊の『砺波市史』に載せた。

その後諸史料を使って、最終的には砺波郡の総検地が行われた慶長十年（一六〇五）から幕末までの、新村分布図を作ることができた。

砺波郡の村数は幕末にはちょうど七〇〇か村を数える。そのうち近世を通じて増減の無かった五箇山七〇か村を除く六三〇か村についてみると、慶長十年の四六二か村以降、一六八（二六％）の新村が生まれている。

その新村地帯は、芹谷野・山田野・野尻野の高台と、野尻川をはじめ、庄川東遷に伴う中村川・新又川・千保川の廃川地帯である。砺波平野では一般に、開拓予定地のまん中に居住地を定め、その周辺を開いていったから、結果的に散村という集落形態となった。それを証する新開文書もたくさん出てきた。平成十九年刊の『近世砺波平野の開発と散村の展開』に載せた一枚の地図「砺波平野の村高―慶長十年：嘉永六年―」はその到達点である。

同書でもう一つ強調したのは、散村の単位である家や村が成立してくるのはそんなに古いことではなく、下剋上が進んで農民が自立してくる中世末の十六世紀から、近世の十七世紀初頭にかけてだということである。そして、名主層支配の村落から自営農民による共同体的村落へ変わってくる具体相を描いてみた。この間、県史の近世編にも関わり、越中の新田開発や郡別の石高の増加、また農業技術史を担当した。こうして視野は次第に広がり、各新開地帯の成立事情、庄川の洪水と治水、各用水の歴史と土地の関係、散村農家の屋敷配置と屋敷林、地主制の実態、砺波十町の概観などに及んだ。

もう一つ、古文書を読んでいると民俗に関係することがまま出てくることである。とかく古文書で民俗は解明できないといわれるが、民俗の目で読んでいると、時にハッとする事実が垣間見えるのである。県史の農業技術史などでは随分古文書のお世話になった。近ごろは民俗学でも文献資料の見直しが行われるようになった。

八、まとめ

いろんなことに関心を持ったのは、研究が方言から入ったからである。方言の整理は民俗分類に従ったので、衣食住をはじめ、農業・村落・社会生活・人生儀礼・年中行事・民俗芸能など、庶民生活万般に目配りすることになった。

一方では、近世史や古文書を手がけたこともある。昭和三十六年に『砺波民俗語彙』を出したあと近世史に関わったが、当時の近世史はマルクス史観による社会経済史の時代で、農村・農民といえば粗衣粗食に耐え、藩の苛斂誅求に遭い、極限に達すれば暴動を起こす、というものであった。しかし、民俗学の農民像は、村人が助け合いながら田を耕し、工夫を凝らしたうまいものを食べ、村祭りや盆踊りを楽しみ、農閑期には湯治や旅行に出かけるといった、四季のリズムに応じて暮らす牧歌的なものであった。同じ農民像がどうしてこんなに違うのか。突き詰めると、それは農民像の両面なのであるが、それに気付くまで十年ほどかかった。

それ以後は古文書の中に民俗を見つけ、民俗事象を近世史とあわせて理解するようになった。私たちが民俗の聞きとりをしたのは明治生まれの人であったが、話者の親や祖父母からの話としても近世末のことに過ぎない。その時代の事象を理解するには、フレームとして近世史の知識が必要である。民俗と近世史研究は車の両輪なのである。

また、民俗学会をはじめ、民俗建築学会や地方史研究協議会に所属し、見学会で全国を回った。これによって富山県の事象が全国の中でどのような位置にあるかを常に考えてきた。著書の題名を『富山民俗の位相』としたのはそのためである。

後　記

本文は北日本新聞に連載した「わが半生の記」(『わが半生の記—越中人の系譜—』九巻、平成二十一年四月刊に収録)と、平成二十七年八月十七日、日本方言学会創立五十周年記念事業として、となみ散居村ミュージアムで行われたサマーセミナーで講演した主旨をもとに補足してまとめた。富山民俗の会のことについては、平成二十七年八月三十一日、北陸三県民俗の会年会で話し、『北陸の民俗』第32集(平成二十八年)に登載予定なので割愛した。

交友各位による、暖かい文集に感謝いたします。また、わがままな研究生活を許してきた妻をはじめ、家族の者に礼を言いたい。

佐伯安一著作目録　第三集（平成20年～27年）

凡例

・今まで著作目録は二回出ているので、今回のものを第三集とする。
・単行書と論文等に分けた。それぞれの番号は当初からの通し番号である。
・このほか砺波郷土資料館で出した『砺波市歴史資料調査報告書』（古文書目録）二〇集があり、直接、間接に関わったが、渾身の力を注いだ第六集の『竹部弥平次文書』（No.92）だけを採り、他は割愛した。

単行書（著書・共著・一部執筆）

佐伯安一著作目録（昭和23年～平成6年）　砺波郷土資料館土蔵友の会　H6・12
佐伯安一著作目録追加（平成7年～19年）　自刊　H19・11
一一八　五箇山上平地区古文書目録（調査・解説・編集）　南砺市教育委員会　H20・11
一一九　となみ野の食文化フォーラム記録集　県民カレッジ砺波地区センター　H21・1
一二〇　合掌造り民家成立史考　桂書房　H21・2
一二一　砺波平野疏水群・庄川沿岸用水（監修・一部執筆）　庄川沿岸用水歴史冊子編纂委員会（富山県土地改良事業団体連合会・庄川沿岸用水土地改良区連合）　H・21・3
一二二　五箇山の報恩講料理―料理調査・文化フォーラム報告書―（監修・一部執筆）　五箇山のもてなしの心醸成事業実行委員会　H21・3
一二三　わが半生の記―越中人の系譜九巻（P.55）佐伯安一　北日本新聞社　H21・4
一二四　日本の生活環境文化事典（一部執筆）　柏書房　H22・6
　　散村P.12　合掌造りの減少と保存P.17
一二五　福光町史上・下（一部執筆）　南砺市　H23・3
　　ちょんがれ節の保存　上巻P.487
　　獅子舞　下巻P.214
一二六　越中の田の神行事（民俗資料選集42）富山民俗の会調査・文化庁文化財部編　国土地理協会　H23・3
一二七　ふるさときらめき館―石川・富山の文化財　北國・富山新聞社　H23・8
　　越中稚児舞の初見史料　P.735

一二八　先道する源太夫獅子　P.717
稲作にまつわる小行事（下村加茂社）　P.735
ネブタ流しの背後　P.870
小川寺の獅子舞　P.870
一二九　二上射水神社文書目録　二上射水神社文化財保存会　H23・10
二上山総合調査研究会・高岡市立博物館編
一三〇　富山湾読本　富山県日本海学機構企画　北日本新聞社　H24・1
海と祭り　P.258
一三一　暮らしの歳時記富山編（20頁執筆）　北國・富山新聞社　H24・8
佐渡家資料目録　高岡市立博物館編　高岡市教育委員会　H27・3
Ⅰ　古文書・歴史資料担当　高岡市立博物館

論文・随筆（論文・調査ノート・随筆・解説・書評）

前回補遺
三七九　近世の暮らし（検証とやまの里山）　北日本新聞　H1・8・5
三八〇　江戸時代の日常食の記録　嶋倉家文書「遊日食事の留」について　とやま民俗No.59　富山民俗の会　H19・8
三八一　越中の農学者・宮永正運　北日本新聞　H14・10・18
三八二　農民と庄川の用水　万華鏡192（庄川水資料館）　ふるさと開発研究所　H19・12
三八三　漆間さんの仕事　とやま民俗No.69　富山民俗の会　H20・1
三八四　庄川・小矢部川流域の歴史と文化　河川レビューNo.140　新公論社　H20・2
三八五　南砺の風土とともに　万華鏡195（南砺の百景）　ふるさと開発研究所　H20・3
三八六　庄川の源流について―源流は山中山、烏帽子岳は一色川の源流―研究紀要第25号（新藤正夫と共同執筆）　砺波散村地域研究所　H20・3
三八七　五箇山という地名　加越能の地名　No.33　加越能地名の会　H20・9
三八八　火を流す祭り―日本海沿岸のネブタ流し・ほか―（祭りと信仰からみた日本海文化（1）・公開講座　平成19年度記録集）　富山市日本海文化研究所　H20・9
三八九　わが半生の記―越中人の系譜―　北日本新聞　H20・11・4～11・15（11回）
三九〇　花嫁のれんの習俗　万華鏡204（のれん）　ふるさと開発研究所　H20・12

三九一　「養老清水」と「岡の湯」ほか―二上射水神社文書整理作業から―二上山研究第6号　二上山総合調査研究会　H21・2
三九二　庄川の「柳瀬普請」と瑞龍寺の寺地の関係―増仁川の存在―千保川を語る会編『千保川の記憶』　桂書房　H21・3
三九三　千保川跡の新開と舟戸口用水　同右　桂書房　H21・3
三九四　富山、食生活の伝承　富山大学人文学部日本語学研究室　H21・3
中井精一編『日本海沿岸社会とことば』
三九五　新著に寄せて　中葉博文著『越中富山地名伝承論』序文　クレス出版　H21・11
三九六　民具は語りたがっている　万華鏡215（となみ散居村ミュージアム「民具館」）　ふるさと開発研究所　H21・12
三九七　野尻野南部の開発と岩屋口用水　砺波散村地域研究所研究紀要第27号　砺波散村地域研究所　H22・3
三九八　武部文書　寛永十七年砺波郡十二組村名付帳　砺波散村地域研究所研究紀要第27号　砺波散村地域研究所　H22・3
三九九　黒部市下立の六十六部廻国供養塔　とやま民俗No.75　富山民俗の会　H23・1
四〇〇　近世養老寺奉仕の築山行事の実態『二上山の自然と文化』　二上山総合調査研究会　H23・2
四〇一　二上山南麓二上地区の開発と用水『二上山の自然と文化』　二上山総合調査研究会　H23・2
四〇二　「新用水」成立の謎に挑む　砺波散村地域研究所研究紀要第28号　砺波散村地域研究所　H23・3
四〇三　千光寺土蔵の文献調査　砺波散村地域研究所研究紀要第28号　砺波散村地域研究所　H23・3
四〇四　近世地主根尾家の生成　砺波散村地域研究所研究紀要第29号　砺波散村地域研究所　H24・3
四〇五　飛騨屋集落のあらまし　砺波散村地域研究所研究紀要第29号　砺波散村地域研究所　H24・3
四〇六　飛騨屋集落の本分家関係と散村の展開（佐伯・新藤・堀越）　砺波散村地域研究所紀要第29号　砺波散村地域研究所　H24・3
四〇七　年貢率「合盛」と「卸付米」について―飛騨屋村を例に―　同右誌　砺波散村地域研究所　H24・3
四〇八　砺波平野の新村　加越能の地名No.40　加越能地名の会　H24・4
四〇九　近世末砺波散村の地主手作農家の食習　とやま民俗No.78　富山民俗の会　H24・9
四一〇　砺波のよごし文化　万華鏡254号（春の味）　ふるさと開発研究所　H25・3
四一一　民俗芸能稚児舞について　為成郷総社熊野神社稚児舞舞台新調修理報告書　熊野神社稚児舞保存会　H25・3
四一二　用水取入れの苦労　万華鏡257号（農業用水）　ふるさと開発研究所　H25・6
四一三　尾田武雄さんのしごと　万華鏡261号（高志の群像）　ふるさと開発研究所　H25・10
四一四　四代かけて完成、入道家住宅　万華鏡262号（入道家）　ふるさと開発研究所　H25・11
四一五　下新川民俗の特質　とやま民俗No.81　富山民俗の会　H26・1
四一六　近世中期における庶民の伊勢・京参り―越中砺波郡矢木村宗四郎を例として―　歴史地理学第56巻第1号　歴史地理学会　H26・1

四一七　中嶋家住宅について　『えんなか会30年のあゆみ』　えんなか会　H26・3
四一八　古文書と民俗学　北陸の民俗第31集　北陸三県民俗の会　H26・3
四一九　となみ野の子ども行事　万華鏡２６９（砺波子どもヨータカ）　ふるさと開発研究所　H26・6
四二〇　食糧増産から減反へ転換　『昭和あのとき』　北國新聞社　H26・8
四二一　刀利の信仰心　太美山自治振興会編　谷口典子著『山崎少年の刀利谷』　時潮社　H26・9
四二二　「何百刈」という地名　加越能の地名No.44　加越能地名の会　H26・11
四二三　『奥大勘場民俗誌』によせて　森俊著『五箇山利賀谷　奥大勘場民俗誌』　とやま民俗No.83　桂書房　H26・12
四二四　書評・今村郁子著『近世初期加賀藩の新田開発と石高の研究』富山史壇第２６７号　越中史壇会　H27・3
四二五　「福」地名の多い砺波地方　加越能の地名No.46　H27・11

競技化する夜高祭

阿南　透

夜高祭とは、夜高行燈と呼ばれる行燈の山車が巡行する祭礼で、南砺市福野の「福野夜高祭」、砺波市出町の「となみ夜高まつり」、小矢部市津沢の「津沢夜高あんどん祭」、砺波市庄川の「庄川観光祭」の四つが著名である。いずれも現在の祭礼は、参加町がそれぞれ、高さ六〜七メートルの行燈山車を制作し巡行する。そして行燈の出来栄えの審査と、行燈のぶつかり合いが行事の中心になっている。祭礼の由来はともかく、参加する若い男性にとって、祭礼の目的はこの点にあるといっても過言ではない。参加者が熱狂し、それがまた多くの観客を集めている。

福野夜高祭は、福野神明社春季例祭の一部である。五月一日と二日が行燈の巡行、三日が神輿渡御、山車、屋台の巡行という日程である。しかし「夜高祭」という行事名で知られるように、現在では行事の主役は夜高行燈になっている。

五月一日は夕方から夜に、七つの町の行燈練り回しと、行燈の審査が行われる。複数の審査員が採点した合計得点で順位が決まる。小行燈の部は、年によって異なるが約二十本のうち、最優秀一、優秀二、優良四の七本が表彰される。大行燈の部は、七町各一本の行燈に対し、最優秀一、優秀一、優良五の賞がある。

二日は夕方から大行燈が巡行し、「引き合い」に備えて本町通りに集まって来る。引き合いとは、本町通りでのすれ違いの時に行燈を壊し合うことを言う。横町、浦町、辰巳町、御蔵町の大行燈が道の片側に一列に並んで止まる。その横を、新町、上町、七津屋の大行燈が通り抜けていく（どちらも順番は年により異なる）。御蔵町は引き合いに参加しない。三町がそれぞれ三町と対戦し、全部で九通りの引き合いが行われる。通り抜けていく行燈が、止まっている行燈の横に停まると、行燈に乗った若者たちが相手の行燈を壊しにかかる。行燈は紙がボロボロに剥がれ、骨組みの竹が変形したり折れたりするほどである。しかし明確な勝敗の判断があるわけではない。一回の対戦は五分程度で、下で見守る役員の拍子木の合図で終了する。

引き合いが終わると「シャンシャン」と呼ばれる儀式がある。これは来賓の出席の下、各町の役員である「裁許」全員が集合し、引き合いを無事に終えたことを報告・確認し、当番を来年度に引き継ぐものである。最後に全員で手締めを行うことからシャンシャンの名がある。厳粛な雰囲気の中で行われ、特有の作法がある。シャンシャンは、暴力と混乱がすべて終結したことを示し、秩序を回復する儀式と解釈することができるが、翌日の神社祭礼とは直接の関係はない。

「となみ夜高まつり」は、神社祭礼ではなく、農村で田植え後の休みを祝う「田祭」に由来する。一日目（六月第二金曜）の夜は行燈の出来映えを審査する「行燈コンクール」と表彰式が行われる。約十名の審査員の採点の合計で賞が決まる。二〇一五年は、小行燈の部に六町が参加し、一位市長賞、二位商工会議所会頭賞、三位市議会議長賞、四位観光協会会長賞、五位文協会長賞が授与された。大行燈の部は十五町が参加した。賞は一位から五位までは小行燈と同じだが、六位出町振興会長賞、七位夜高振興会長賞がある。また姉妹都市の愛知県安城市からの特別賞もある。

二日目は「突き合わせ」である。二つの大行燈が正面衝突するのである。本町通りの二箇所に設けられた会場で、事前に決められた組合せに従い、各八組、全部で十六組の「対戦」が順に行われる。二町の行燈が二十メートルほど離れて向かい合い、双方の運行責任者（裁許）が中央に歩み寄って同時にホイッスルを長く吹くのが開始の合図である。すると町の男たちが、行燈を前方横からは引き綱で引っ張り、後ろからは押して、正面の相手めがけて全速力で走り出す。行燈の前方には練り棒が突き出ており、ここを相手の行燈にぶつける。ぶつかった後は、練り棒を相手の練り棒の下に潜らせて押し込む、逆に練り棒を上げて相手の行燈を上から壊す、左右にゆさぶって相手の行燈を横向きにするなど、町によって戦法が異なる。また戦況に応じて、リーダーの指示で動きが臨機応変に変化する。勝敗の明確な基準はないが、一方的に押し込むなど優劣がはっきりしたら、裁許のホイッスルで押し合いをやめる。二十分の制限時間内に二～三回の突き合わせが行われる。

こうして十六組の突き合わせが終わると、終了の儀式「シャンシャン」がある。現在では、参加町が東、西、南北の三グループに分かれて別々に行っている。各町の裁許と副裁許を中心に、行事が無事終了したことを確認し、儀式的な飲酒を行い、参加者が輪になって唄と手拍子で締めくくる。どのグループもその年のまとめ役にあたる「当番裁許」を決めており、その引き継ぎも行われる。なお、参加町が徐々に増えており、二〇一四年にも一町が新規参入した。今後とも拡大する可能性がある祭礼である。

「津沢夜高あんどん祭」も、砺波と同様に田祭に由来する。こちらは六月第一金曜と土曜に、砺波とほぼ同じ内容の「ぶつかり合い」を行う。参加する七町の行燈山車が夕方になると消防署前に集まってくる。各町の裁許が、全体を取り仕切る「総裁許」の所に集まり、その場で突き合わせの相手と対戦の順番を決める。二日間でほぼ全町と対戦するようになっている。私が見学した二〇一二、二〇一三年には、一日に十～十三の対戦があった。

対戦の仕方は砺波と同じで、二町が向かい合って、合図の笛に合わせて山車を走らせ、正面衝突させる。事前に裁許同士の話し合いで、正面に突き出た台棒を上に上げるか、下から押し込むか、一応の打合せがされている。上になった行燈は、曳き縄を使って台棒を上下に動かし、行燈の前に下がっているツリモンを壊そうとする。下になった行燈は押して相手を下げようとする。全部の対戦が終わっても、シャンシャンのような儀式はなく、総裁許の挨拶と万歳三唱で終了していた。

また、砺波と同様に、審査員たちの得点を合計して表彰も行われる。津沢ではサイズ別に大行燈、中行燈、小行燈の三部門に分けて審査する。それぞれ一位が金賞で、以下、順位に応じた賞が授与された。

砺波市庄川の「庄川観光祭」は、六月第一土曜と日曜に行われる。私は二〇一三年に見学したが、庄川では一日目の行燈の審査に各町が力を入れている印象を受けた。各町は順に審査会場に入り、行燈の魅力をアピールする。行燈を素早くあるいはゆっくりと回したり、前後に動かしたり、口上を述べたり、唄ったり、横断幕や仮装も登場するなど、アピール方法に工夫が見られ、他の夜高祭には見られない魅力があった。審査の結果、一位は市長賞、二、三位は優秀賞の表彰を受けた。一方、「あわせ」と呼ばれるぶつかり合いは、二つの行燈が向かい合って水平方向に押し合う。他の夜高祭りに見られるような、スピードを付けた激突や、上下左右への揺さぶりのような戦術は見られず、行燈を水平方向に押し合う力比べという印象を受けた。

このように夜高祭には、優劣を明らかにする仕組みが二通り存在する。まず審査と表彰は、行燈の美しさを競うものである。制作する側は、受賞を目指して創意工夫を凝らし、技術を発揮する。審査員たちは主観を数値化し、行燈の美しさに順位をつける。入賞した町には賞状、トロフィー、旗などが授与され、その栄誉が讃えられる。また受賞結果は翌日の新聞に掲載されて広く周知される。

もう一つは「引き合い」「突き合わせ」などと呼ばれる行燈のぶつかり合いである。以前は、行燈が運行中に出会うと「喧嘩」が偶発的に起こり、事故もあった。このため戦後、祭礼での事故に対する社会的批判や警察からの要請により、場所と時刻と対戦相手を決めて一定のルールのもとにぶつかり合う方向に発展し、行燈の規格や参加者の行動、組織などが細かく決められていった。同様の動きは同時期に伏木曳山祭や岩瀬曳山車祭りでも見られた。このようにして、祭礼がいわば「競技化」したのである。

しかし、行燈のぶつかり合いでは、勝敗が明確になるとは限らない。双方が全力を出し合って痛み分け、といった様相を呈することが多い。また一回の祭礼で対戦する相手は限られている上、対戦相手もほぼ固定化しているため、スポーツのトーナメント戦のように一位を決める仕組みはなく、参加町の間に序列が付けられることもない。この点では完全に「競技化」したと言い切ることもできない。競技の要素を取り入れながらも過去からの決まり事を継承し、儀式と競技の間で微妙なバランスを取りながら発展している祭礼であるように思われる。

今後とも夜高行燈の行く末を見守っていきたいと考えている。

参考文献

阿南透、二〇一四「『となみ夜高まつり』の成立」『江戸川大学紀要』二四、pp.八一－九三

佐伯安一、一九七六「福野の夜高と曳山」富山県教育委員会編『富山県の曳山』富山県郷土史会、pp.一九－二七

佐伯安一、二〇〇〇「福野夜高行灯と砺波平野の田祭り」『祝い絵』石川県立歴史博物館、pp.一五〇－一五八

福野夜高保存会、二〇〇三『万燈』福野夜高保存会

『利賀のはつうま』行事調査報告書作成時のこと

天野　武

佐伯安一氏（以下、佐伯さんと略称することが多い）が早くに若くして世に問うた『砺波民俗語彙』（高志人社、昭和三十六年）の公刊は、時宜にそった快挙だった。爾来、郷土研究（民俗学・近世建築史）を地道に積み重ねられ、その多彩さ充実ぶりは、関係者の注目するところとなり、二十年余の以前、その目録集成が試みられている（土蔵友の会編『佐伯安一著作目録』参照）。

その目録集成後において、研究調査の筆を休めることなく、多年取り組んでこられた成果を『富山民俗の位相』［民家・料理・獅子舞・民具・年中行事・五箇山・その他］（桂書房、平成十四年）、『近世砺波平野の開発と散村の展開』（同上、平成十九年）とに矢継ぎ早に結実させた。御労作、代表作と解してよく、慶賀の至りであります。

かく実績を誇る佐伯さんとの交流は、何度かあった。逐一、その事情を説くことは省くものの、印象深く忘れ難いのが表題に掲げた「利賀のはつうま行事」報告書作成時のことである。昭和六十二年暮れか翌年早々の頃だったろうか、当時の利賀村教育委員会から、私にその行事調査報告書の序文送付の依頼があった。それに添付されていた報告書ゲラ刷りのコピーを拝見、分かったことがあった。同村内の学識経験者米沢康氏から推挙された佐伯さんが実質的調査者に依頼され、かつ報告書のまとめ役という重責についておられたことを知った。適任者を起用されたものだと感心したり、よいお仕事を責任を持って残されるだろうと期待を脹らませた。その際の安堵感を今も覚えている。

そもそも、この調査報告書の作成が具体的に俎上にあがった動機になったのが、これに先立つ昭和五十七年十二月に文化庁により「利賀のはつうま行事」が国選択の無形民俗文化財、つまりは「記録作成等の措置を講ずべき無形の民俗文化財」に選択されていた事実を見過ごせません。この選択の報道に接した利賀村の皆様、行事関係者各位の喜びようは大変だったらしい。こうした村民各位の好意に接するとき、職責の重大さを痛感させられたし、文化財調査官であることの醍醐味に浸った次第である。文化庁在職十七年間においても、後々、想い出に残る数少ない一駒である。

かくして、国選択後間のない昭和六十二年度以降二か年計画で周知事業を実施することとなり、初年度報告書刊行、次年度は記録映像制作を完結させることと相成った（調査報告書『利賀のはつうま』あとがき参照）。全て成功裡にて終了した旨聞きおよんでいる。

ここで、調査報告書の内容につき言及しておきたい。前段にてふれたように、利賀村教育委員会を介して、佐伯さんとの接点が舞いこんだことになった。そのことを少々砕いて説いてみれば、佐伯さんが実質的に中心になって推進し、最終段階にさしかかっていた調査報告書のゲラ刷りを拝見させていただき、それを一読して簡潔ながらも「序文」を寄せる機会を与えられたということである。それなりに責任を果たさねばならない感情に駆られたことは否められなかった。

その結果が、公刊された『利賀のはつうま』と銘打った利賀村教育委員会編集・発行の調査報告書である。私自身、事前に二度、昭和五十四年五月、同五十七年一月に曲りなりにも現地調査

利賀のはつうま行事〔俵転がし〕（利賀村利賀下村《したむら》）

を行い、その折りの知見を活かして、国選択候補の原案作成に備えたく、引き続いての『利賀のはつうま』調査報告書（昭和六十三年三月）に収載された序文「利賀のハツウマに寄せて」執筆にも活用した。ただ、ここで釈明しておきたいことは、多忙にまぎれて必ずしも熟慮することに欠け慎重にことを運ぶ点に欠けていたとも、利賀村教育委員会から届けられた報告書ゲラ刷りを丹念に目を通していなかったとも解される節があったのでないかと、危惧しているところである。

いずれにせよ、この報告書の出現が契機となり、佐伯さんとの出会いが実現したことにより、一段と親密さの深い交流が実現したのは有意義なことであった。具体例を報告書関係に限定しても、一、二にとどまらないことを明言しておきたい。

その一例を挙げてみれば、私が利賀のはつうま行事の現地調査を実施した時点（昭和五十年代後半期）までは、世間一般では必ずしも関心が払われず、五箇山の山間の一角にひっそり閑と伝承されていたに過ぎなかったものの、報告書が刊行後においては民俗研究者等に相応の関心が示され、それらが地元出版社・地方新聞社などの刊行物を介して、主として地元富山県民に供されてきた。小見におよぶ限りでは、「利賀のはつうま行事」の国選択前後に何か変化があったのか否か、気になる点である。例えば、『富山県史』［民俗編］（昭和四十九年）、『富山県歳時習俗』［漆間元三］（高志人社、昭和三十二年）、『日本の民俗16富山』［大田栄太郎］（第一法規出版、昭和四十九年）など、民俗関係の基本的図書（年中行事・祭礼・民俗芸能などの民俗文化財を記述解説するもの）には、なぜか「利賀のはつうま行事」につき見過ごしにして収録してないものが少なくないという点である。

かかる状況下にあって、その間隙を埋め富山県民の啓蒙を主目的として解説文・写真を付した一般向の書物が発行されている。例えば、漆間元三『習俗富山歳時記』（巧玄出版、昭和四十八年）、漆間元三・清原為芳『富山の祭と行事』（巧玄出版、昭和四十九年・「利賀の初午」）、宮崎重美・池端滋『五箇山』（巧玄出版、昭和四十九年、「初午の唄」）、伊藤曙覧『とやまの民俗芸能』（北日本新聞社出版部、昭和五十二年、「蚕ほめ」「かいこ祭り」）など相前後してまとめられ、刊行されている。具体例による民俗の基本的図書・啓蒙書の普及についてのほぼ同時代的にみた場合の風潮をどのように理解すべきであるのか。公刊の書物には、各趣旨・目的などの相違があるのであるから、全て同列に論評することを控えるべきである。また、執筆者の個性、民俗観の相違いかんいより記述内容・取り上げ方・手法などの諸点に違いが生ずることは否められまい。こうした点を勘案して、「利賀のはつうま行事」報告書刊行前においても、基本的図書に記述がないままに、曲がりなりにも各啓蒙書相互に相乗効果を果たし、その行事が「初午」の関わる行事であること、現行では一月十五日に執り行われていること、などを説き、啓蒙書としての役割を果たしている。行事実態を臨場感溢れる文・写真を添え描き、充分に役割りを果たしている例もある。

それでは、件の報告書刊行後、何か変化があったのか否か。このことで忘れ難く、明示しておきたいのがはつうま行事自体が晴れて文化財（無形民俗文化財）として富山県から指定されたことである。その時点は、平成十六年七月である。これにより、この行事は、地元富山県の文化遺産と価値付けられ、後世へと継承すべく努めねばならないこととなった。時代の変遷推移に対応して、よくぞ今日まで伝承維持してきたと、母体たる地区の子供仲間たちや支えとなってきた住民各位に敬意を捧げたい。ただ、利賀のはつうま行事の国選択から富山県無形民俗文化財指定までの期間が約二十年余を経ていることに鑑みると、一個人の感慨ではやや長かったのではないかと思う。相応の審議なり、資料の整理なりの事情があってのことで、無為に経過したわけではあるまい。

いずれにせよ、富山県無形民俗文化財指定に関わる理由書（説明書）を熟読する限りでは、解説の一部に限るとはいえ微妙な変化が見てとれるように感じられるのである。いわゆる初午行事として伝承され、踏襲してきたとの立場を明示して不変としながらも、小正月にふさわしい民俗行事を濃厚鮮明に説明、そこへ比重を移した体をなしている感を抱かせる。「予祝行事の日としての小正月の方へ引かれたもの」との報告書（利賀村教育委員会編集・発行）の「考察」に沿う趣旨のもの、さらにはそれを一段と明確にした内容を呈示している。

この報告書刊行・富山県無形民俗文化財指定後における具体例と注目をひくのが漆間元三「利賀の初午行事」（星野紘・芳賀日出男監修『日本の祭り文化事典』東京書籍、平成十八年）の解説である。二月初午に由来し、現在は小正月にふさわしい性格の予祝行事を執り行っていることを説いている。ただし、行事の伝承地区（利賀上組・利賀下組・岩渕）の内容細部の違いなどを明確に指摘されていないのが残念である。

以上、国選択、報告書作成、富山県無形民俗文化財指定などと、行事をめぐる地元富山県における民俗関係者の関心・研究調査活動、出版界（地方新聞社・出版社）の賛助・関心が相まって、何とかそれら関係資料を参考にして私に課せられた宿題をまとめ得た。報告書序文に寄せた見解披瀝後、確かめたい点を明記させていただき、佐伯さんとの交流があって、行事自体の理解を深めるための示唆を与えられた点を指摘して、結びにかえたい。箇条書きに二点を指摘し、各少々の補いを付しておきたい。

第一点。元来、小正月の予祝行事・祝福芸事として発生し、変遷し推移して現在にいたっていること。

報告書に既述されている通り、昔も今も終始一貫小正月と目される期日に行事がぶれることなく執り行われている点がなにより確実視できる根拠資料となるのではあるまいか。過去の文献資料（記録史資料）などに「初午」と明記するものがない限り疑ってみる必要があろう。さすれば、明治五年、旧暦（太陰暦）から新暦（太陽暦）へと暦法の変化に伴って、行事日が二月から一月へと変化したと言えるのではないかという余地を残す結果を払拭し得ない。

加えて、この行事の類似例として、上越市桑取谷横畑地区に伝わる「馬ごと」「大馬・子馬」と通称される予祝行事（新潟県教育委員会編『越後の小正月行事』所収、同上昭和五十七年）のことが参考となろう。

第二点。行事の伝承維持の危機をいかに克服するかが課題であること。

はつうま行事に関わって、地区内の子供仲間の人数激減が報道されている（『富山新聞』平成十五年一月十三日付朝刊）。この報道にある条件は、近未来にわたる現実に直面、困難を極めている。このことを深慮して、国選択時に、行事の構成要素が民俗文化財指定の候補とすべきを避けて、あえて選択候補に挙げた事情があったことが秘められていたのである。万難を排し、富山県指定無形民俗文化財が取消されないよう英知を結集してほしいと願うばかりである。

この二つの難題につき、将来へとつなぎ止めて課題とつきつけられたのが佐伯さんとの交渉の結果である。重く受け止めたい。

富山の七夕、日本の七夕

石垣　悟

○はじめに

七夕は、正月や雛祭と並んで現在も盛んに、かつ全国的にみられる伝統的な年中行事の一つである。今日の一般的な七夕は、教育制度を通して刷り込まれた行事で、個人の願いを記した短冊を笹の葉に括るという画一的様相を呈しているが、かつては各地に多種多様な七夕が伝承されていた。それらは衰滅するか、七夕であることを忘れられて今日に至っている。

いわゆる牽牛星（彦星）と織女星（織姫）の説話に基づく七夕は、手芸の上達を織女星に願う唐の乞巧奠とともに奈良時代に宮中に取り込まれたものとされる。折口信夫は、その際に宮中で古くからあった女性の織った神聖な布を水神に供える棚機信仰が素地となったというが、これが民間に広く普及してくるのは江戸時代以降とされる。

いっぽうで旧暦七月七日前後は、祖霊を迎える盆の始まりとしての禊ぎ祓い、また茄子や胡瓜などの夏野菜や麦の収穫儀礼といった要素もみられ、佐伯安一先生も指摘するように、この点こそ日本固有の習俗として注目すべきであろう。

富山を含む北陸から東北の日本海側にかけては、先学の指摘のとおり、特色ある七夕が伝承されてきた。拙稿では、改めて日本海側に伝承される七夕についていくつかの要素に注目しながら概観し、富山の七夕、日本の七夕について考えてみることで、年中行事や民間信仰の理解への足掛かりとしてみたい。

○ネブリ流し系の七夕

日本海側の七夕で真っ先に挙げられるのは、ネブリ流し系の行事群である。青森市のネブタ、弘前市のネプタといった青森県内に濃密に伝承される行事群は、燈籠型の作り物を伴うが、南下して秋田県に入っても、秋田市の竿燈、能代市二ツ井町駒形のネブ流しなど行事の様相を若干違えつつ濃密な伝承をみる。竿燈が元は「ネブリ流し」と呼ばれたことは、竿燈を紹介する秋田市民俗芸能伝承館が「ねぶり流し館」と通称することからも明らかである。

ネブタ、ネプタ、ネブリといった語に拘泥すれば、その分布は東北から北陸にかけての日本海側から関東まで東日本一帯に広がる。新潟県魚沼市の破間川流域では早起きして川で顔や身体を洗うことをネブタ流しといい、後述する滑川市のネブタ流しも北陸の代表例といえよう。関東でも、栃木県足利地方で七夕の夜に渡良瀬川で水を浴びることをネブト流しといい、宇都宮市で川に舟や紙人形を流す習俗をネムタ流しと称した。埼玉県熊谷市でもネム流しと称して、青年が川辺に集まり、ねむの木と大豆の葉を川に投げ、「ねむは流れよ、豆の葉とまれ」と唱えた。

周知の通り、ネブリ流し系の七夕は、柳田國男が「日本海側の、北よりの地方を見ていくと、爰にはやや比較を可能ならしめるほどに相接近した事例がある。現在知られている南の端は、越中滑川のネムタ流し。これは人形をこしらえて海に流す行事で、その際に子どもが水を浴び、又、ネブタ流され、朝おきゃれ　といふ唱えごともあるといふのだが、其期日は今は七月三十一日である。」と記すように、滑川市のネブタ流しを南限とする。

ネブリ、ネブタ、ネプタは、いずれも「眠り」で、夏の蒸し暑さから連想される眠気＝睡魔であり、転じて災厄を意味する。「ネブリ・流し」の語は、「災厄・除去」を象徴し、そこに佐伯先生もいう日本固有の七夕の一端を垣間見ることができる。全国的にみられる「七回川に入る」「七回水浴びする」といった伝承も、「七」という数字に絡めた災厄除去の習俗と理解できるだろう。

○燈籠・行燈を用いる七夕

災厄除去に注目すると、青森や弘前のネブタ・ネプタも本来最後に燈籠を解体し、海や川に流したり、燃やしたりした。実際に秋田県鹿角市花輪のネプタは、最後に将棋の駒型の燈籠に火を点けて米代川に流し、その米代川の河口で行われる能代市の役七夕でも鯱矛型の巨大な燈籠を最後に燃やす。提灯を象徴的に用いた行燈型の七夕である秋田市の竿燈も、妙技を披露した翌朝、竿燈先端に付けた御幣を川に流す。

燈籠・行燈は災厄を憑けて送り出す一過性のアイテムであったが、城下町や港町で風流化すると、災厄除去の要素が薄れ、青森・弘前のネブタ・ネプタや青森県五所川原市の立佞武多など燈籠の美しさや大きさを魅せる点に主眼を移す。竿燈を行う秋田市から雄物川を遡った湯沢市の絵燈籠も、京都から佐竹氏に嫁いだ姫との関わりを起源伝承として、着物姿の美しい女性を描いた燈籠を旧城下に飾る典型的な燈籠型の七夕である。

燈籠・行燈型の七夕は、山形県では希薄で、東根市に田楽提灯のでる七夕がみられる程度となり、恐らく新潟県村上市あたりを南限とする。村上市の七夕は、旧城下で行われ、皇大神を祀った祠を載せた山車がでるが、この山車に歌舞伎などの場面を描いた燈籠が付く。

なお、北前船の寄港地であった新潟市で夏に行われた住吉祭で竿燈に類似した行燈が練り、魚津市の諏訪神社の八月の例祭で行われるタテモンでも中額・絵額という行燈がタテモンに取り付けられる。ともに神社祭礼という点で七夕と一線を画す一方で、燈籠・行燈型の七夕との関連を無視しえない。

ところで、富山の燈籠・行燈を用いた行事といえばヨタカがある。七夕ではないが、その展開は、燈籠・行燈を用いた七夕と酷似する。佐伯先生も指摘する通り、ヨタカは砺波平野に濃密にみられ、福野縞の生産で発展した福野をその中心とする。農村部では田植え後の休み日に子どもが小さな行燈を手に練るが、町部の福野では福野神明社の例祭として町単位で巨大な燈籠を作って練る。これと同様の展開をみせるのが青森・弘前のネブタ・ネプタで、菅江真澄が『外浜奇勝』（寛政八年）で描いたように農村部では子どもが小さな行燈を手に練るが、港町・青森や城下町・弘前では町単位で巨大な燈籠を作って練る。そこには農村部の素朴な行事が町部で風流化し、翻って町部の風流が農村部に伝播する様相を読み取れ、柳田の都鄙連続論、米山俊直の小盆地宇宙論といった地域文化論を想起できる。

○舟を用いる七夕

新潟では舟を流す七夕が沿岸部を中心にみられる。粟島浦村では七夕舟と呼ぶ大きな萱舟を作り、各家で用意した藁馬を載せて練った後、海に流す。新発田市藤塚浜でも若者が麻幹で作った舟を担いで練った後、海に流す。また胎内市村松浜では、麦藁で二艘の舟を作って人形を乗せて海に流し、糸魚川市今井でも男性は笹竹の舟を作って川に流し、女性は路上に綱を渡して紙人形を吊り下げる。これらの舟は、盆に祖霊を迎える舟ともいわれ、実際に盆の最後に再び舟を流して祖霊を送るところもある。

富山では、入善町吉原に舟流しがあり、八月六日夕方に若者が屋形舟を作って夏野菜を載せて練った後、海に流すほか、黒部市中陣でも子どもが舟を作って蝋燭を灯して川に流すニブ流しがある。

なお、秋田県横手市で行われるネムリ流しも、木と藁で作った舟をリヤカーに載せて練り歩いた後に火を点けて横手川に流すという舟を用いる七夕の一つである。

○人形を用いる七夕

新潟県の西部では人形を用いる七夕がみられる。糸魚川市根知では、女子が布や紙で人形を作って綱につけ、男子がこれを路上に張って一か月後に川に流した。先に触れたように、糸魚川市今井でも、女性が路上に綱を渡して紙人形を吊り下げる。人形を用いる七夕の典型例に、糸魚川から姫川谷を遡った長野県松本市の七夕がある。軒先に紙人形を吊り下げて供物をあげる習俗で、菅江真澄も「委寧の中路」（天明三年）でその様子を描いている。

富山では黒部市を中心に人形を用いる七夕がみられる。黒部市尾山では、子どもがアネサマと呼ぶ紙人形を小さな舟に乗せて川に流す。黒部市布施谷でも、子どもが小さな麦幹の舟に紙人形を乗せて川に流す。滑川のネブタ流しも、円筒形の巨大な作り物を作って練り歩いた後、海岸で火を点けて流すが、円筒形の作り物には茄子や胡瓜の人形が供えられ、この作り物自体も人形を表すともいう。

ちなみに富山県西部やさらに西の石川県・福井県では、沿道に笹飾りを立てて最後に川に流す七夕が多く、高岡や金沢のような城下町では特に盛んに行われた。金沢では笹に「だし」と呼ぶ行燈を吊り下げたという。

人形を用いる七夕は、人形を舟に乗せて流すものと、人形を境界に吊るした後に流すものの二種がある。富山から新潟にかけては両者が混在するが、そのうち人形を境界に吊るすものは、江戸期には新潟県の新発田市、旧塩沢町、栃尾市にもみられたが、現行は糸魚川の事例が北限で、西にいくと、松本市のほか、高知、熊本などに点々とみられる。

高知県高岡郡は七夕に綱を張る行事が濃密で、高岡郡越知町西浦では、桐見川を挟んで長大な縄を渡し、これに茄子などの夏野菜のほか、藁製の馬や犬、機織り道具のミニチュア、御幣などを吊り下げる。また熊本県八代市から葦北郡芦北町にかけての地域も、集落の入口などに綱を張り、藁製の人形や草履などを吊り下げる七夕が濃密にみられ、綱の切れ具合で畑作物などの豊凶を占う。

人形を吊るす七夕と深く関係するのが、紙製の衣を吊るす七夕である。兵庫県の播磨灘沿岸と市川流域では、これを「七夕さんの着物」などといって笹飾りに吊るした。笹飾りに紙衣を吊るす例は多く、有名な仙台の七夕にも笹飾りにつける七つ道具の一つに紙衣があり、宮城県角田市金津でも沿道に飾った笹飾りに紙衣をさげる。金津では、七夕様を祀る祭壇も別に設けて夏野菜を供えており、紙衣を吊るした笹飾りの間に祭壇を設けて夏野菜を供える兵庫の事例とともに、畑作物の収穫儀礼の様相も合わせもつといえよう。

○おわりに

青森から福井付近までの七夕を概観すると、そこにはネブリ流し、燈籠・行燈、舟、人形といった要素を取り出すことができる。中でも人形の要素は、七夕を理解するうえで不可欠な要素と思われる。人形は、舟に乗せられて流される点で舟の要素とも関わるほか、燈籠・行燈の形状や図案を人形の延長と理解することも可能だろう。そこに通底するのは災厄除去と収穫儀礼という日本固有の七夕の姿である。

なお、拙稿では触れなかったが、初子の七歳の祝いに人形等を贈る習俗が岐阜県や愛知県などにみられ、七夕研究を包括的に整理した松崎憲三が取り上げているが、節供の通過儀礼的側面も日本ならではの習俗として注目すべきだろう。

加えて七夕の人形には、唐の星祭・乞巧奠と、それを受け入れる素地となった棚機信仰（水神信仰を含む）を垣間見ることもできる。人形やそれに類する紙衣は、機織・裁縫の象徴であり、その上達を織女星に願う星祭・乞巧奠を背景にもつ。実際に兵庫県の「七夕さんの着物」は、紙製であるが、実に丁寧に作られており、その出来ばえは裁縫雛形と見まがうほどである。石沢誠司は、この点を災厄除去・収穫儀礼の「ムラの七夕」に対して「マチの七夕」と表する。実際に「流す」ではなく「飾る」を主眼とした紙人形（紙衣）は、作りも丁寧で、農耕以外を生業とする町部で伝承されてきた例が多く、かつては京都西陣やその周辺でも紙の雛形に残り糸を運針して仕立てた七夕の紙衣がみられたことが知られている。

古来の棚機信仰を素地に、京都などの町部で唐の星祭・乞巧奠が取り込まれ、やがてそれが農村部に伝わるなかで災厄除去（盆前の禊ぎ、収穫儀礼を含む）と複雑に絡み合うことで、各地に多種多様な七夕が展開してきたと考えられないだろうか。

佐伯先生は、富山の民俗の東・西を検討し、多彩な文化要素を盛り込んだ富山の魅力を指摘しているが、七夕一つとっても様々な要素が入っていること、それが日本固有の文化を垣間見る手がかりとなることがわかる。佐伯先生の民俗学は、富山という一地域に軸足を置きつつも、各地の事例を集めて比較するという柳田國男が示した基本的な方法を忠実に受け継いでいる。比較の先に何を見出すかは区々であるが、地域を軸にしつつ多様な事例を比較するという方法の有用性・可能性を私たちは再認識すべきだろう。

主な参考文献

石沢誠司、二〇〇五「七夕の紙衣と人形」『七夕と人形』郷土出版社

折口信夫、一九五五「たなばた供養」『折口信夫全集』15巻　中央公論社

佐伯安一、二〇〇二『富山民俗の位相』桂書房

松崎憲三、二〇一五「七夕まつりの予備的考察―その歴史と地域的展開」『民俗学研究所紀要』39号

柳田國男、一九六三「年中行事覚書」『定本柳田國男集』13巻　筑摩書房

佐伯安一先生の米寿によせて

浦辻一成

私が初めて佐伯先生とお会いしたのは、昭和五十五年に富山県歴史の道調査員として木下良先生、楠瀬勝先生らとともに先生が利賀村を訪問された時だったと記憶している。当時私は利賀村役場で村史編纂を担当していて、県教委の依頼により運転手として調査に同行したのである。先生はご記憶ではないと思うが、私にしてみれば数々の著書で薫陶を受けてきた高名な先生とお話しできたのは、大いなる感激であった。

次の出会いはそれから七年後の昭和六十二年になる。利賀の初午行事が「記録作成等の措置を講ずべき無形の民俗文化財」に選択され、調査報告書を作成することになった。執筆をどなたにお願いするか、利賀村文化財保護審議会委員であり、利賀村史編纂委員会長でもあった故米澤康氏に相談したところ、即座に佐伯先生を推薦された。ほぼ同年代のお二人は、専門分野こそ異なるものの、互いにその業績を認め、尊敬しあう間柄だったようである。初午行事の調査では、可能な限り先生に同行し、古老からの聞き取りのノウハウを学ばせていただいた。専門的に学んだことのない私にとって実に貴重な経験であった。

次にお世話になったのは、金沢市からの呼びかけで平成十一年度に発足した「塩硝の道研究会」の研究委員としての活動時である。この研究会には、佐伯先生が平村、私が利賀村の担当委員として参加したが、調査報告書の作成にあたって記憶に残ることがあった。これより少し前の平成十一年三月、私は「利賀村史 2 近世」の中で、加賀藩による上煮塩硝の買上数量の推移について、従来の定説とは異なる見解を述べていたのだが、先生には調査報告書の中で私の新しい説を採用していただけなかった。私にしてみれば自信のある見解であり、十分な根拠資料も提示したつもりであったが、先生は、まだまだ新たな定説とするには論拠が不足しているとみられたようである。その時私は、さらに新しい史料を発掘して自説を補強し、やがて定説になっていったなら

城端神明宮祭の曳山行事（平成13年５月）

ば、先生から受けた百恩の一つも返せると思ったのだが、未だその願いは果たしていない。

平成十一年から富山県教育委員会が開始した「富山県の祭り・行事調査」では、長年にわたって本県の民俗学を牽引されてきた、佐伯安一・伊藤曙覧・漆間元三・本庄清志氏といった重鎮が「富山県祭り・行事調査協力者会議」の構成員として指導・助言者となり、実際の調査・執筆は後進の研究者に委ねられた。このとき、佐伯先生からご推薦をいただき、私が砺波地区の祭りの専門調査員となった。調査対象の行事には、城端の曳山や福光の熱送り、福野の夜高等、これまで関わってきた五箇山以外の地域のものが含まれていてとまどいもあったが、非常にいい経験をさせていただいた。調査報告書の原稿を書き上げたものの、出来ばえに全く自信が持てず、大幅な書き直しを命ぜられることを覚悟して恐る恐る提出したが、存外に修正の指示は少なく、安堵した日のことを鮮明に覚えている。

そして、何といっても足を向けて眠られないのが、平成十五年

上平地区での古文書調査（平成19年４月）

報恩講料理調査時の一幕（平成21年２月）

からお願いした『利賀村史1　原始・古代・中世』と『利賀村史3　近・現代』の監修作業である。利賀村史の編纂は、平成十一年三月に『利賀村史　2　近世』を発刊した後、監修の米澤康氏が病魔におかされて入退院を繰り返され、同年十一月に逝去されたため、作業が中断されていた。

平成の市町村合併が現実味を帯びてきた平成十三年の末に、利賀村長から合併前の完結を指示されたとき、私はすぐに佐伯先生の許に走り、監修作業をお願いした。

南砺市文化財保護審議会委員による善徳寺本堂修理工事視察（平成23年11月）

先生は、「砺波市五十年史」の編纂をはじめ多数の業務に関わられて多忙な時期であったが、本格的な作業を平成十五年度からとすることで、幸いに快く引き受けていただいた。

その後、先生には寝食を惜しんで監修作業に時間を割いていただき、合併した平成十六年の末には無事に配本し、利賀村民の長年の願いに応えることができた。

市町村合併後は、南砺市教育委員会が平成十七年から始めた「五箇山上平地区古文書目録」の作成に際し、主任調査員として献身的なご尽力をいただいた。できることなら私もお手伝いをしたかったのであるが、残念ながら当時は他の課にいて何のお役にも立てず、心苦しく思っている。

平成二十年度に南砺市の利賀・平・上平行政センターが合同で実施した「五箇山の報恩講料理」の調査では、先生に監修をお願いし、ご指導をいただいた。五箇山の報恩講料理の献立や器の配置には、地域によって若干の差異があることが分かっていた。しかし五箇山全域にわたって調査されたことがなかったので、その構想をお話ししたとき、先生には大いに喜んでいただいた。

五箇山では、東西の真宗門徒が大勢を占めるとはいえ、手次の寺は金沢市や福井市なども含めて多岐にわたる。そこで私は、手次の寺によって献立や器の配置が異なるのではないかと考え、この調査によってそれを明らかにしたかった。調査項目の相談のとき、先生が宗派や手次寺に執着されなかったので意外に思ったが、調査の結果、手次寺や宗派と器の配置に関係性は見いだせず、むしろ居住地域によって料理や配膳の傾向が異なることが明らかになった。考えてみれば、僧侶は料理の献立に口を出さないが、奥様方は井戸端会議であれこれ話し合う。恐らくこれは今も昔も変わらない。とすれば、地域によって傾向が異なるという予測は容易にできることである。先生は初めからこのことにお気づきだったのだろう。

その後も折に触れては先生にお世話になってきた。特に、平成二十三年に私が南砺市教育委員会文化課長（翌年度からは「文化・世界遺産課長」）に就任してからの三年間に「南砺市文化財保護審議会」や「城端曳山等保存修理委員会」の委員として、常に卓抜した視点でご教示いただくことができたのはこの上ない喜びである。南砺市には国の無形民俗文化財「城端神明宮祭の曳山行事」をはじめとして、「利賀の初午行事」や「福野夜高祭」など、江戸時代まで起源を遡る民俗行事がいくつか存在する。これらの民俗行事の調査・研究には、民俗学の知識は無論のこと、近世文書にも精通していることが要求される。

また、世界遺産「五箇山の合掌造り集落」や、国重文の合掌造り家屋三棟を保存する南砺市にとって、合掌造り家屋に高い識見を有される先生の存在は貴重であり、この点においても、先生は南砺市の文化財保護行政に欠くことのできない研究者である。

米寿を迎えられ、ますます研究に成果を挙げられることを、そして私のようなふがいない後進をいつまでもご指導いただけるよう、心から願っている。そして、私もいつの日か、深い学恩に応えて従来の学説を塗り替えるような研究報告ができればと思っている。

富山県の民俗研究のあゆみ

太田久夫

図書館に長年勤めた筆者は、文献の面から富山県の民俗研究文献を調べる手がかりとなる資料について記したいと思う。ここでいう民俗は、「衣食住の民俗」「社会家庭生活の習俗」「通過儀礼冠婚葬祭」「年中行事祭礼」「民間信仰・迷信（俗信）」「伝説・民話（昔話）」を対象とするが、「地名研究」「方言研究」についての資料についても言及することにする。

『富山県郷土資料総合目録』

（富山県立図書館編刊　昭和三十七年刊）

昭和三十五年十二月までに出版されたもの、および手稿または手写されたものを対象に編んである。このうち民俗関係文献が一一四点・方言研究文献は二十二点掲載されている。これらの文献で一番古いものは、三井楽哉『越中方言草稿』（閑夜茶談のうち）で、明治十七年頃のものである。三井楽哉については、どのような人物か分らない。古い年代順に記せば、『伝説俗謡童話俚諺調査答申書』（県の命令により各郡役所が報告、明治三十九頃、毛筆書）、この資料は下新川郡・中新川郡・上新川郡・富山市・婦負郡の小学校区からの報告で、泊・入善・三日市・舟見・魚津・東水橋・五百石・滑川・上市・新保・東岩瀬等の実情が記されている。『富山県小守歌遊戯調書』（富山県教育課、明治三十九頃、毛筆書、子守を小守と誤記）、この二点の資料は、『富山県明治期口承文芸資料集成』（稲田浩二編、同朋舎、昭和五十五）として翻刻されている。『新川郡弓庄郷埜町村七夕巡回記目録等』（窪美昌保、手稿、明治三十九頃、毛筆書）、『教育大会記録』（富山県教育会編、明治四十一）には、家庭教育部の風俗習慣の項目に、「冠婚葬祭・衣服飲食等に関する凡ての風俗習慣の実際を知悉し之が改良矯正の資に供さんがため各小学校より其材料を提供せしめ」た調査結果を、常服・結婚・常食・盂蘭盆・祭礼・節句・田植えに分けて報告している。『かごめ――富山県童謡集』（富山県女子師範学校附属堀川小学校、大正十一）、『社会教育に関する調査　第2輯』（富山県学務課、大正十二）は、県内三十五名の小学校長に委嘱し、結婚・葬儀・祭礼・宴会・贈答・訪問・接客・年賀・回礼・時候見舞其他の年中行事に分けて、新庄・大久保・上滝・東岩瀬・滑川・東水橋・上市・五百石・魚津・入善・泊・古里・八尾・大門・小杉・伏木・新湊・氷見・阿尾・速川・出町・福野・井波・五箇山・石動・福光・津沢・戸出・福岡・富山地区の調査結果を報告している。ほかに戦前の資料を紹介しよう。『富山県の婚姻状況』（富山県学務課社会課、昭和四）、『維新前迄の農村年中行事』（五十嵐和紘（政雄）手稿、昭和八、毛筆書）、『越中五箇山の生活』（小寺廉吉、聚落地理学論集別刷、昭和九）、『越中五箇山に於ける住の研究』（正木隆次郎、高岡高商研究論集8巻2～4号、昭和十）、『越中五箇山に於ける家族の変遷』（小山隆、高岡高商研究論集8巻2～4号、昭和十）、『砺波の衣食住』（砺波高等女学校郷土研究室、昭和十一）、『越中鵜坂神社の尻打祭』（小柴直矩、何の紀要か不明、昭和四以降）

次に方言の資料で戦前の資料を紹介しよう。『入善区域方言資料集』（横谷捨次郎、大正六）、『富山県方言』（富山県教育会、大正八）、『越中方言の地位』（大田栄太郎、国語と国文学4巻

8号、昭和二）、『富山市近在方言集』（大田栄太郎、郷土出版社、昭和四）、『砺波地方方言集』（砺波中学校郷土研究部　昭和十二）、『砺波方言の研究』（林政二、昭和十六）、『越中砺波方言集』（林政二、昭和十七）、『越中方言研究彙報』（金森久二、越中方言研究会、昭和6～7）。なお、方言研究については、『富山県方言集成資料目録稿』（富山市教育委員会、昭和三十二）があり、資料索引篇・資料篇・一般資料の目次篇・参考資料篇に分けて一六三点の資料を掲載している。この資料には『越中郷土研究』の創刊号から6巻2号（通巻五十七号）の内容一覧が載っている。また『越中方言研究彙報』の内容一覧が載っている。このほか『砺波民俗方言集稿』など七点の内容も掲載されている。

地名についての資料は七点記載されている。戦前の資料を紹介する、『越中三郡圭邑名林』（編者・出版地・出版社不明、江戸時代末期）、『越中三郡村名尽』（合綴）、『維新前村づくし』（越中が主、明治頃、毛筆書）、『越中町村名集』（小沢重三郎編、明治九、字名を大小区に分けて列記）、『越中国市村名数』（飯野庸、文昌堂、明治十三）、『富山県町村名要覧』（編者・出版地・出版社不明、明治十七頃）

『富山県郷土資料総合目録　第二集』

（富山県立図書館編刊、昭和五十九年刊）

昭和五十五年三月まで発行の資料を対象に編んである。このうち民俗関係資料は三三一点（昭和三十七年版に掲載の資料二十六点再掲＝新たな所蔵館が判明したため）、民間信仰五点、方言二十三点（昭和三十七年版に掲載の資料二点再掲）、石造美術八点（昭和三十七年版に掲載の資料一点再掲）

『富山県民俗関係文献目録抄』

（富山県立図書館編刊、昭和三十九）

昭和三十九年三月末までの資料を対象に編んである。単行書は『富山県郷土資料総合目録』（富山県立図書館編刊、昭和三十七年刊）に収録のほかに、その後県立図書館で受け入れした資料。雑誌・新聞・単行書のうちの記事は年度別、五十音別に記載してある。収録対象の雑誌は、明るい農村・いづみ・越中史壇・越飛文化・環境・月刊北日本・月刊富山・高志人・富山教育・農業北日本・百川・まもりの十二誌から採録してある。新聞は北日本新聞・富山新聞の地元紙のほか、朝日新聞・毎日新聞・中日新聞・読売新聞・産経新聞の地方版から採録してある。

『富山史壇論文等目録』

（越中史壇会編刊、平成十六）

越中史壇会の設立五十周年を記念して、一四四号までの掲載順目録と執筆者別目録から成っている。なお、同誌の二十一号（昭和三十五年）、二十七号（昭和三十六・三十七年）、二十九号（昭和三十八年）、三十三号（昭和三十九・四十年）、四十号（昭和四十一・四十二年）、四十七号（昭和四十三・四十四年）、五十五号（昭和四十五・四十六年）、五十九・六十号（昭和四十七・四十八年）、六十二・六十三号（昭和四十九・五十年）、六十八号（昭和五十一・五十二年）、七十五号（昭和五十三・五十四年）に郷土研究文献目録が掲載されている。当初は木倉豊信・廣瀬誠・橋本芳雄らが担当していたが、後には富山県立図書館が担当した。

『郷土の文化』は富山県立図書館と富山県郷土史会の共同編刊であったが、昭和六十二年版から富山県郷土史会の単独発行になった。『富山史壇』の郷土研究文献目録を引き継いで、昭和五十九年版に昭和五十五～五十八年分を、昭和六十年版に昭和五十九年分を掲載し、以後毎年掲載されている。なお、同誌に郷土の文化誌「高志人」の郷土関係目次を、昭和五十三年から平成二年発行分に掲載してある。もちろん民俗記事も含まれている。

長野県の信濃史学会発行の雑誌『信濃』には、毎年六月号に、長野県に隣接する各県の研究動向を掲載している。十七巻に木倉豊信が「富山県の史界展望」と題して、昭和三十九年の研究動向を寄稿している。昭和四十一年分も木倉が担当している。木倉は歴史研究が中心であったが、以後、廣瀬誠が担当し、民俗研究も含まれるようになった。昭和五十八年からは、歴史は高瀬保が、民俗は筆者が担当してきた。いろいろ変遷があって、現在は、民俗は森俊が担当している。このほか「とやま民俗」や「北陸の民俗」の文献紹介欄も参考になる。

「富山県教育会雑誌」は明治二十一年創刊である。数はすくないが民俗関係の資料が掲載されているので、年次を追って戦前までの分を紹介しよう。二号（明治三十五年六月）「福野地方に於ける方言」（林喜太郎）、三十五号（明治四十三年十一月）「富山県市町村名起源沿革１　富山・高岡」、三十六号（明治四十四年二月）「上新川郡内市町村名大字等の起源沿革　２」、五十三号～五十五号（大正三年十一月～大正四年三月）「富山方言考」（石場健夫）、二二一号（昭和六年六月）「土俗舞踊獅子舞と願念坊主に就いて」（堀内丈造）、二二七号（昭和六年十二月）「砺波地方の方言（訛語）の一考察」（俵正孝）、二三五号（昭和七年八月）「金剛山の伝説羽衣と我が伝説との関係」（佐藤種治）。このうち方言文献は、『富山県方言集成資料目録稿』に採録されている。

このほか、自治体史や地域史などにも民俗の項目がある。『郷土の文化』平成四年版と十八年版には、「富山県地方誌総合目録」が掲載されている。これ以後の自治体史や地域史は、県立図書館のホームページで調べていただきたい。また、同館のホームページの雑誌・新聞記事見出し索引で執筆者や調べたい事項で検索することもできる。これで調べるときは、一年間の表示が示されるが、この画面の下のほうに表示される「やりなおし」をクリックしてから調査項目を入力すると、過去のデータも検索することができる。佐伯代表の著述を検索すると、一四〇件の情報のあることが判明する。

考古学の分野では橋本正春『富山県考古学研究史事典』（自刊、平成二十一、五九六・二十一頁）がある。同書には、倉田一郎が最初は考古学を目指したことや、富山民俗の会について言及したところもある。

拙稿がきっかけとなって、富山民俗の会会員が協力して、橋本氏のような民俗版が編まれたらよいと思う。

富山県東部における明治期の改良在来犂について

尾島志保

はじめに

　筆者が富山の民俗について調べるとき、どのようなテーマでもまず佐伯先生のご著書を繙くところから始まる。二〇一五年に調査した富山の犂についても同様であった。

　従来先生は富山の犂について、主に江戸時代の越中の犂や県西部で使われた放寺の犂を中心に論じてこられた。

　まず、江戸時代の犂については、農書の『耕稼春秋』や『私家農業談』に描かれた犂や東礪波郡井口村（現南砺市）で発見されたものから、当時越中で使われていた長床犂を紹介されている。明治期に入ると放寺の犂・三塚犂等の曲り犂（犂身と犂床が彎曲した一木で作られている）が製作されたが、これらの犂の誕生は、岐阜の曲り犂や、九州北部の抱持立犂から影響を受けたものと先生は推測されている（佐伯安一『富山民俗の位相』桂書房、二〇〇二年）。

　しかし、これら放寺の犂や三塚犂登場までの過程は明らかになっていないことが多く、先生ご自身も前述の推論のあと「今後の実証に待ちたい」とされている。最近では河野通明氏の調査により、前述の長床犂とは別の、三塚犂や放寺の犂の原型と考えられる在来犂が現在でも残っていることが明らかになっている。また、三塚犂等はそれら在来犂を改良した「改良在来犂」と位置づけられた（河野通明「民具という非文字資料の体系化のための在来犂の比較調査」『身体技法・感性・民具の資料化と体系化』神奈川大学21世紀COEプログラム研究推進会議、二〇〇八年、以下、河野氏に関する部分はこの論文による）。

　そこで、筆者は富山の犂についてさらに何か分かることがないかと、三塚犂に関する文献資料を調査することにした。その結果、現存する三塚犂の形が登場するまでに多様な犂が誕生していたことが明らかになったためここに紹介する。

三塚犂について

　三塚犂は富山市三番町の三ッ塚（三塚とも）宗平、同市鍛治町の三塚兼太郎、同市愛宕町の三塚幸次郎らが作り始めた犂と考えられる。現存する三塚犂は犂へらに犂先と同じ刃を使用したいわゆる「二枚スキ」である（図1）。

　三塚犂については、本庄清志氏が「クワガラ屋と富山スキ」（『とやま民俗』八、一九七六年）にて聞取り調査を行なっている。本庄氏によれば、一八九五年（明治二八）に初代三ッ塚宗平らによって二枚スキ（本庄論文では「富山スキ」とも）が考案されたという。それでは、それ以前についてはどうだったのか、当時の史料で確認してい

図１　富山市三番町　三ッ塚宗平作　三塚犂
（大沢野教育行政センター蔵）

こう。

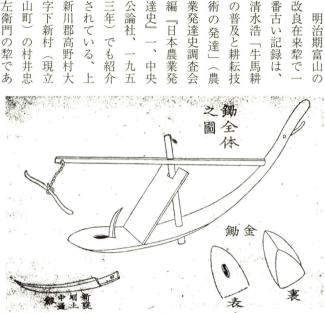

明治期の改良在来犂

明治期富山の改良在来犂で一番古い記録は、清水浩「牛馬耕の普及と耕耘技術の発達」（農業発達史調査会編『日本農業発達史』一、中央公論社、一九五三年）でも紹介されている、上新川郡高野村大字下新村（現立山町）の村井忠左衛門の犂である（図2）。これは『富山県勧業報告』一九（一八八九年、国立国会図書館蔵）に「鋤改良」と題して掲載されたもので、犂先に土を砕くための小刀を付けた点が改良点であった。この犂の説明文には犂先中央に凸部があると書かれている。文脈からして、もともと犂先にあったものであろう。したがって、在来犂にはすでに三塚犂に見られる凸部があったことが分かる。同様に、『富山県勧業報告』二八（一八九一年、国立国会図書館蔵）にも婦負郡古沢村大字古沢村（現富山市）の高浪伝吾の改良した犂が「鋤の改良」と題して紹介されているが、これもまた曲り犂であり、犂へらの中央に先のとがった刃を付けたのがその改良点であった。これも村井の犂同様、土を砕くためのものであった。

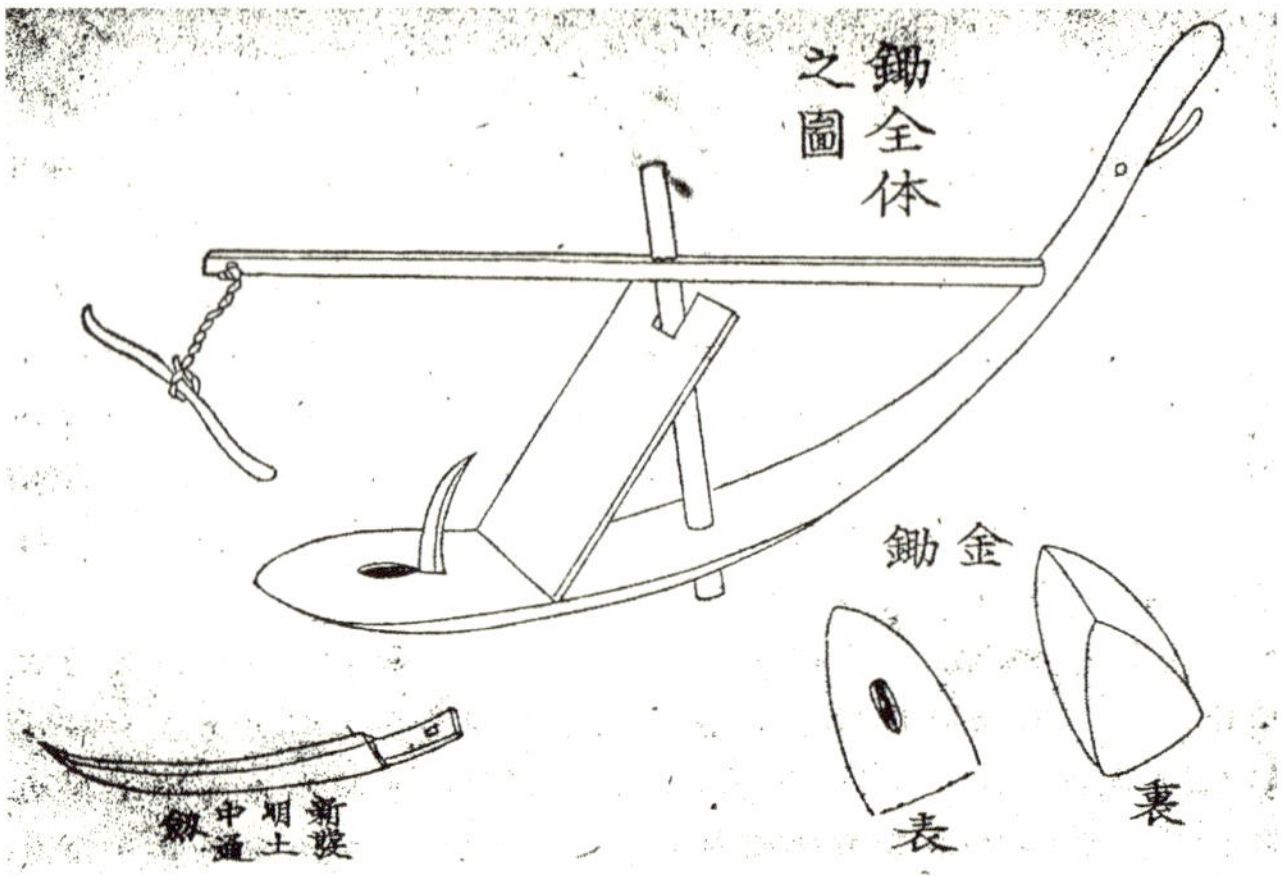

図2　上新川郡高野村大字下新村　村井忠左衛門「鋤改良」（『富山県勧業報告』19、1889年、国立国会図書館蔵）

これらの犂から県東部の在来犂の形を推測することができるが、他の史料でも在来犂の形が分かるものがある。農商務省農務局調査『農具ノ改良ニ関スル調査資料』（生産調査会、一九一一年）は各地の「優良ナリト認メラル、農具ノ種類等」（緒言）を紹介したものであるが、その中に中新川郡で従来使用されていた「在来鋤」と、新たに使われるようになった「改良鋤」が掲載されている（図3）。「改良鋤」は「六七年前富山地方ヨリ購入セルモノニテ現今ハ郡内当業者間ニ賞讃セラレツ、アリ」（八五頁）と説明されている。図とこの説明文からしておそらくこの犂は三塚犂であろう（ただし河野氏が言うところの「手綱休め」〔手綱を吊り上げるために犂柱に取り付けられた部材〕は描かれていない）。

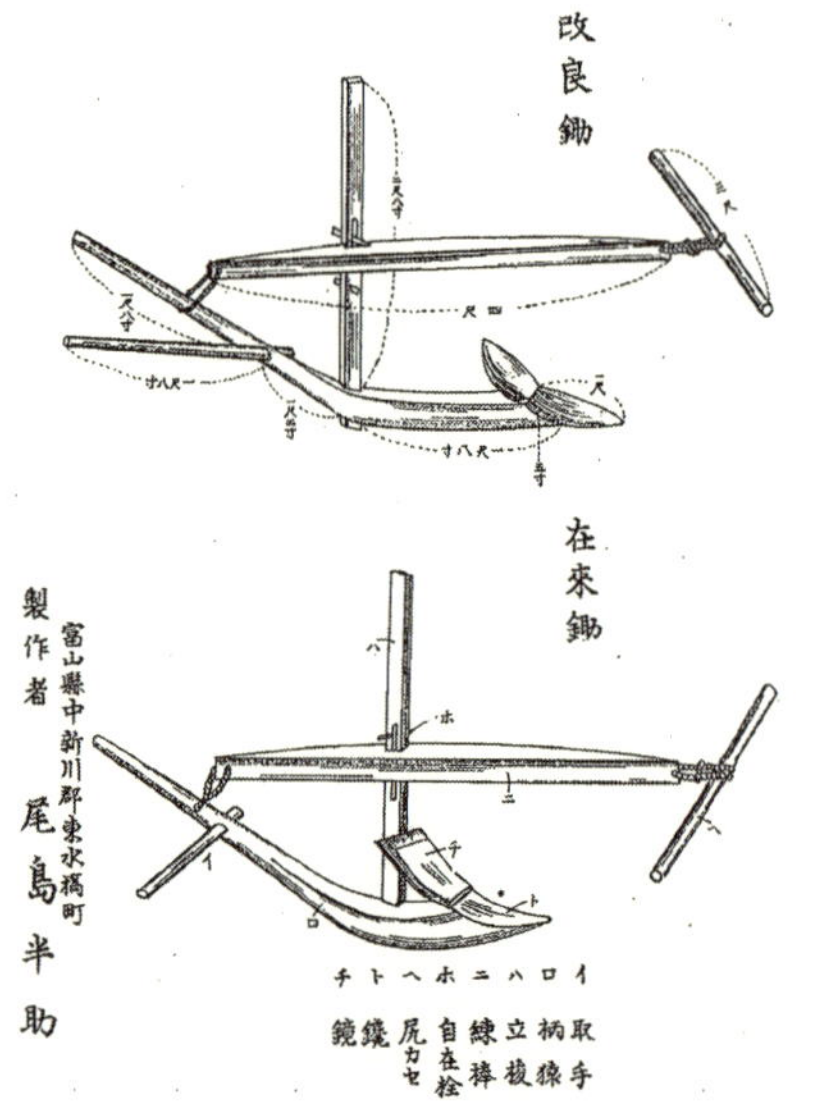

図3　中新川郡で使用された「改良鋤」「在来鋤」（農商務省農務局調査『農具ノ改良ニ関スル調査資料』生産調査会、1911年、国立国会図書館蔵）

河野氏の研究でも、魚津歴史民俗博物館に三塚犂の原型と考えられる犂が存在していることが明らかになっているが、以上の史料からも、県東部では三塚犂登場以前から、曲り犂が広く使われていたことが改めて分かるのである。ただし、いずれの史料も三塚犂にみられるような手綱休めは描かれていない。描き忘れたのか、もともとなかったのかは不明である。

二つの三塚犂

それでは、三塚犂はいつごろから出てくるのであろうか。前述のとおり本庄氏によれば一八九五年に二枚スキが考案されたという（ただし、前出『農具ノ改良ニ関スル調査資料』にも三ッ塚宗平が発明した「改良二枚鋤」が八三頁に紹介されているが、ここでは一九〇五年の発明とある）。また河野氏は、この二枚スキは抱持立犂の影響を受けたものと推測している。現在「三塚犂」と呼ばれるものはこの二枚スキだが、当時「三塚犂」と呼ばれていたのは二枚スキだけだったのだろうか。

『富山日報』一八九五年三月六日付四面に鍛冶町の深耕堂 三塚兼太郎が出した「改良深耕犂」の広告が掲載されている。ここには、九四年にこの犂が富山市設博覧会褒賞を受賞したことなどの紹介に加えて、犂の絵が描かれている（図4）。ここに描かれた犂は犂へらが板状のものであり、まだ二枚スキではなかった。また、同紙二面には「三塚犂の効能」という記事がある（勝山敏一氏のご教示による）。内容から三塚兼太郎の「改良深耕犂」のことであることが分かり、ここから、二枚スキになる以前から「三塚犂」と呼ばれていたことが分かる。

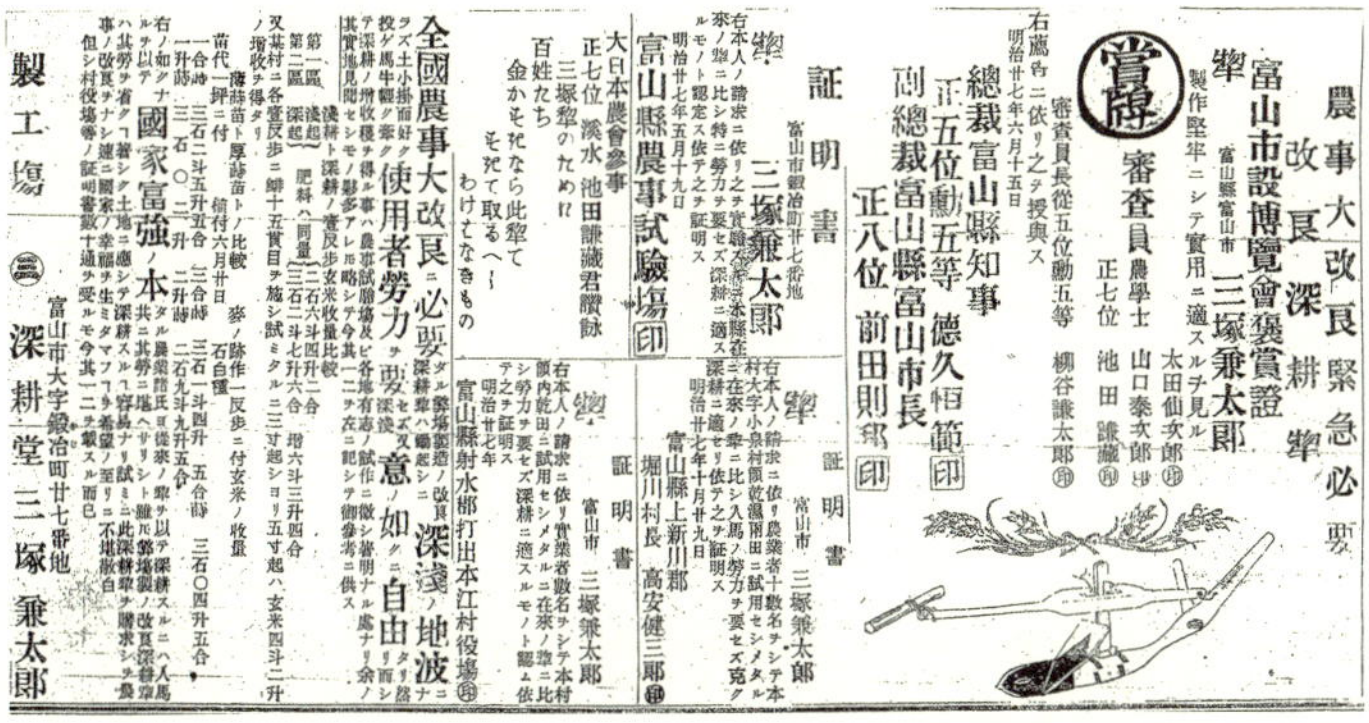

図４　富山市鍛冶町　深耕堂 三塚兼太郎「改良深耕犂」広告

（『富山日報』1895年３月６日付４面、『富山日報』は『北日本新聞』の前身）

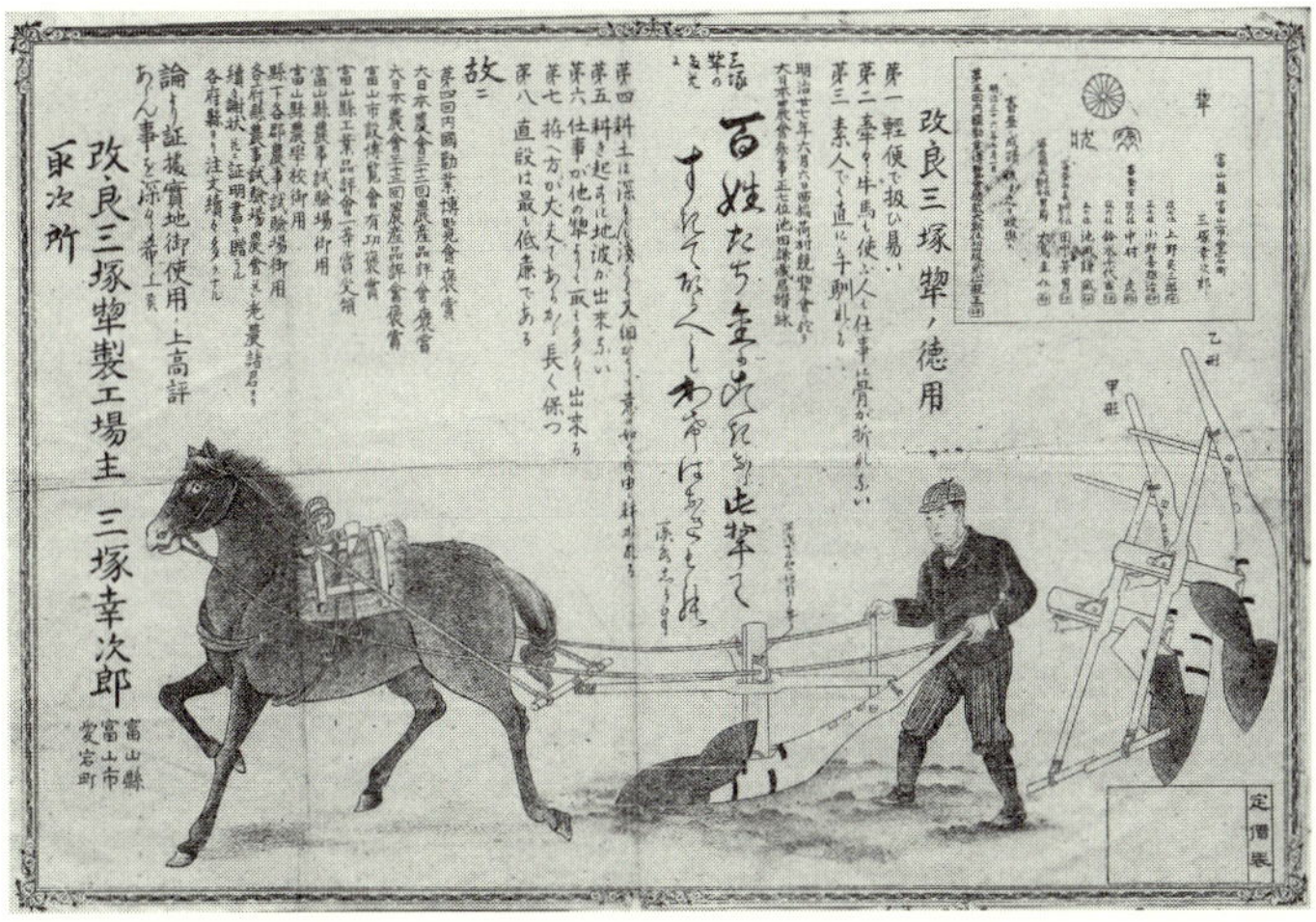

図５　富山市愛宕町　三塚幸次郎「改良三塚犂」広告

（公益財団法人 松山記念館蔵）

図5は愛宕町の三塚幸次郎による「改良三塚犂」の広告である。中央に描かれた三塚犂は二枚スキであるが、右側に「甲形」「乙形」の二種類の犂が描かれている。「甲形」は犂へらが板状のもの、「乙形」が二枚スキである。広告右上には一九〇三年の第五回内国勧業博覧会褒状の写が載っているので、この広告はそれ以降のものと分かる。

三塚犂の広告は『富山県農会

報』にも出された。一四八号（一九一一年四月）、一五七号（一九一二年一月）には鍛治町の三塚深耕堂の「深耕犂販売広告」が掲載されている。この広告では、甲・乙二種類の犂があると書かれており、おそらく前述の「改良三塚犂」の広告と同じであろう。ただし、広告に描かれた犂は、犂へらが板状の方であった。

これらのことから、在来犂を改良した三塚犂は製作当初から二枚スキだったわけではなかったこと、また二枚スキの三塚犂が登場した後も、板状の犂へらを使った三塚犂が製作されていたこと、ただし、現存する三塚犂は二枚スキであることから、その後二枚スキだけが残っていったことなどが分かる。

おわりに

本稿では明治期の史料を通じて、複数の改良在来犂を紹介してきた。これらの史料からは在来犂から直接現存の二枚スキの三塚犂へ移行したわけではなく、多様な改良在来犂が製作されていたこと、「三塚犂」と呼ばれるものも一つではなかったこと、そうした試行錯誤の中で二枚スキが残ったことが分かった。

また、三塚犂については、当時各展覧会等にも出品されたこと、県外でも使われていたことが史料や先行研究によって明らかになっている。こうした点を今後さらに調べていけば、三塚犂の普及過程も見えてくると思われる。

本稿は先学の研究に対し、若干その補足をしたにすぎないが、富山における農具研究の進展の一助となれば幸いである。

江戸期のアジールを見る加賀藩の二例

勝山敏一

天文七年から文化十一年までの加賀藩政を編年体でまとめた史書、藩士津田政隣の『政隣記』は桂書房で刊行中であるが、その安永九年（一七八〇）六月廿三日の項に次のような興味深い記述が出てくる。

今日申下刻、江戸御上邸御作事方御門へ女一人走込候ニ付、御門番足軽召取相尋候処、伊勢へ致参宮候下向二人ニ被欺被誘、武州千住駅遊女ニ被売候処、殊之外難義之趣共ニテ難分ニ付人目を忍ひ逃出候得共、便方無之ニ付罷出候由故、先揚屋へ入置、年廿三歳容貌美麗之由也、於今石動も富饒成町人之娘ニテ足軽共之内続有之者も有之由

本日午後四時ころ、江戸本郷の加賀藩上邸に女が一人走り込んだので、門番の足軽が召し捕り尋ねたところ、伊勢参宮の帰りに欺かれ誘われて、武州千住の宿駅遊女に売られてしまった、そこはもってのほか難義なところなので忍び難く、人目を忍んで逃げ出した、けれども便り方がないので藩邸に走り込んだ由、とりあえず揚屋へ入れ置いた、年は二十三歳、容貌美麗の女性といい、今石動の富豪町人の娘で、足軽の中にその親類の者もいるという―。

千住は松尾芭蕉が奥の細道に旅立つ最初の宿駅で、江戸四宿の一つに数えられ、有名な遊郭がある。明和元年（一七六四）に旅籠の衰退を理由に幕府は各百五十人の飯盛り女を千住と内藤新宿に許し、遊女を黙認している。

千住遊郭を忍び出て、そこから本郷の加賀上邸まで五キロ、女性の逃げ足でも一時間あれば着く。追手がすぐにかかったと思われるので、早くどこかへ逃げ込む必要があったろう。しかし、彼女に頼るところはなく、さ迷っているうち藩邸前にさしかかったか、自分の故郷加賀国の上邸が近いと思いついて向かったか、門内に走り込んだ。

藩邸は、彼女に問いただし、欺かれて遊女にさせられたとの言い分は「富饒なる町人の娘」との足軽の証言でも肯んじられたであろう。「先ず揚屋に入れ置いた」という。揚屋は屋敷内に設けられた女牢である。

「走込」は走り込み、駆け込みとも称され、他人を殺害した武士が追補の手を免れるべく近辺の武家屋敷へ逃げ込んで保護を求め、屋敷の方がこれを受け入れて匿うという慣行である。その「走込」の語を用いているので、武士を町娘におきかえる意識が書き留めた津田政隣に働いていているだろう。

笠谷和比古「近世武家屋敷駈込慣行」によれば、喧嘩であれ意趣によれ、相手を討ち果たす作法や退いてくる作法さえ武士道にかなっていると判断すれば、屋敷側は家内に匿い、傷の手当てをして追い返す。追手に対しては来ていないと白を切りとおすか、武威をもって追い返す。さらに駈込人を追手から逃げ延びさせるため路銀を渡すのが通例といい、それを狙って偽りの駆け込みを行なう武士さえいたという。

だが、むきだしの武力行使についての慣行は、平和な世に受け入れがたくなって宝暦から寛政のころを境に生彩を喪っていくと

笠谷氏は推測されている。その安永九年のことであり、町人であり、走り込んだ女性がこの慣行を知っていたとは思われない。加賀藩邸と知って彼女を走り込ませた心機はどのようなものであったろうか。

筆者は、殿様という存在にたいし民衆にたくわえられる情愛の一つに「恩頼」と形容されるもののあることを聞き知っていたが、いざという時、かくのごとく発露するものなのかと驚いた。藩邸というのは身分を越えた避難の場、アジールとしても存在し得たという事実に深い感慨をもつ。日ごろ殿様のことを民衆は念頭においていないだろうし、めったにないことだろうが、江戸の各藩邸はそこを故郷とする各藩の民衆の駈込める場であったとしていいのだろう。

○

もう一つ、加賀藩の庶民にとって「非人溜まり場」はアジールたり得たかという例題。桂書房刊『大野木克寛日記』全七巻のうち、享保六年（一七二一）七月、そんな溜まり場に逃げ込んだ男を一人の町女房が突き止め、捉えるという記事が出てくる。

加賀藩奏者番という重役の大野木家のこと。五月初め、町番所かどこかで賊の番についていた町人が、賊に逃げられたため牢に入れられた。大野木家の小者六助の妻「ふり」はその者の娘であったが、町の肝煎にきくと賊を探し出しさえすれば父は赦免になるというので、「それより毎度心懸、町へ罷り出で候節は、両大橋の下など心懸け尋ね申し候」。浅野川と犀川大橋の下には非人が多くいて「こもなどかぶり伏せり罷りある」非人の一人に銭三文を二回とらせ、「私存じ候者、坊主になりそうなた方のうちにこれあるように承り候ゆえ」年ごろ恰好などを聞かせて「かようの者そうらわば知らせ候よう頼み申し」ておいたところ、犀川向うの泉野町で自身が七月十九日の朝に見つけ、道端の雪隠で「小用調えまかりあり候処へ後より腰に取りつき、覚え候かと申しそうらえば、ふり返りもぎ放し申すべくと仕りそうらえども、しかと取りつき、大罪人を捕え申し候、折合くれ候ように度々呼ばわりそうらえば、近所の者ども折合くれ候ゆえ、その所の桶屋へ押し込み申しそうらえば」という次第で捕まえることができた。さっそく父親は牢から出され、ふりは殿様から「婦の身としては比類なき者」「下賤の者ながら至孝」とご褒美が出たという話。

犯罪者の入り込みをたずね求めるにあたって、年ごろ恰好しか頼りにするものがないというのは、溜まり場はいちいち前歴を問わないことを示唆するだろう。そういう意味で、非人の溜まり場というのは犯罪者にとりアジールと言っていい。女房ふりはあれこれ男の隠れ場を推測、社会の網の目の広がりを透かし見るようにしたはずで、追手から逃れるために、そして暮らしを立てていくために、男はきっと非人たちの溜まり場に顔を出すと勘を働かせ、それを的中させている。この女房は特別に執念をもって捕まえるまでに至ったが、ほかの多くの犯罪者は非人溜まり場というアジールに逃げ込んで隠れ住むことができたことであろう。そこでは日雇いや乞食など、暮らしのたつきについて情報にも触れることができるのであろう。

加賀藩内において縁切り寺のようなアジールがどこにあったのか、これからも探していきたいと思う。

佐伯安一先生に教えをうけて

加藤享子

佐伯安一先生、この度は米寿をお迎えになり、誠におめでとうございます。

尊敬する佐伯先生の御教示をいただいていることに、感謝申し上げます。

私は大学生の時（昭和四十年代後半）特別講義で方言の授業があり、その時大学の図書館で佐伯安一先生の『砺波民俗語彙』に出会った。当時郷土の本は大変少なく、しかも砺波地方の本は本当に少なかった。その中で佐伯先生の本は、大変嬉しく心に残った。その後砺波市に嫁した私は、先ず佐伯先生のお膝元に来たということを、嬉しく思っていた。どうか佐伯先生にお会いしたいと思っていたが、そのすべを知らなかった。そんな時昭和五十三年に、佐伯先生が砺波図書館で市民大学の講師をされると知りすぐに受講し、初めて先生にお会いすることができた。そして昭和五十二年に亡くなった実家の曾祖母の語りごとを書いてみてもらったら、富山民俗の会に出すようおっしゃって下さり、勧められ入会した。

合掌造りの前で
左から佐伯安一先生、伊藤延男先生
加藤享子

その後平成十三年に実母が急な病で亡くなった。それから思うのは自分が子供の頃からしたかった、この地方の人の暮らしのあり方を記録したい、学びたいということだった。ちょうどその頃佐伯先生とお会いする機会があり、植物が好きだというと、植物利用などの聞き取り方をその場で個人授業のように御教示下さった。そしてすぐさま手紙が来て『植物民俗』（長澤武　法政大学出版局）を表紙のコピーを付けて御紹介下さった。私はこの本こそが求めていた本だと読みふけった。

私は植物の利用という観点から、郷里の小矢部川上流で、昭和三十六年にダムで沈んだ刀利谷を知りたかった。刀利谷は旧福光町から十数キロ離れ、川沿いにさらに約十キロにわたり五つの小村が一里ごとに約十軒ずつ点在し、あらゆる物を自然の中から利用し自給自足に近い生活を送っていた。そのような深い渓谷の中でどのようにしてたくましく生きてこられたか、その知恵を知りたかった。それから刀利谷出身の南源右ヱ門さんにお話しを伺い始めると、じきに明治十五年上刀利の宮から東本願寺再建に欅の巨木を献木した時の記録を見せて下さった。私は福光生まれだが、献木のことは全く知らず驚いた。また残念なことにほとんど誰も知らないので、刀利の献木を調べ始めた。南家記録や小矢部川の木揚場であった伏木法輪寺の記録などはすべて佐伯先生に読んでいただいた。どう調べていけば分からぬ度に先生の所へ伺った。その頃先生は市役所で『砺波市五十年史』を御執筆中であり、お邪魔と思いながらそこへ何回も伺った。その後市役所での仕事を終えられると「家に来られ」と言われた。そして先生のお宅へ伺う時、大学生の時から尊敬している佐伯先生のお宅だと思うと、震えるほど感激したのを今も昨日のように覚えている。

調査を進める上で先生は「これは京都の本山へ行って何か史料ないか探してこられ」と言われた。私は本山まで行って探すことなど、夢にも思わなかった。先生に背を押され本山に行ってきた。本山では多くの史料を見せて頂いたが、刀利の献木の史料は見つからなかった。それから一週間後のことである。本山から、「ありました。刀利の献木の史料がありました」と電話を頂き、史料も送られてきた。ついに本山に刀利の献木が届いていたことが史料でも確認できた。先生は「地元、伏木、本山と史料はそろった。これで書けるないけ」と言われ、私はしどろもどろになりながら、「明治十五年、小矢部川上流刀利村から御本山への献木」を書き、平成十六年『とやま民俗』六三号に載せていただいた。

刀利の献木は二〇一一年親鸞聖人の御遠忌もあり、本山で取り上げられ、DVD「御影堂御修復の今」（東本願寺二〇〇八年）や『同朋新聞』「再建の軌跡」（東本願寺二〇〇四年六、七、九月号）などにも載せられた。また『真宗本廟（東本願寺）造営史』（東本願寺出版局二〇一一年）や、『福光町史』宗教史（福光町二〇一一年）に執筆の機会を頂いた。その後『真宗本廟造営史』の関係で、大谷大学でお会いした建築史学者で東京国立文化財研究所所長などを歴任された伊藤延男先生が刀利の献木が巨木であることに注目された。伊藤先生は木造建築文化財の保護と次代に残すために、巨木の育成にも力を注いでおられ、刀利へ林学専門の東大教授を伴い調査に来られた。次の日は五箇山合掌造りを視察されるので、案内を佐伯先生にお願いすると、快諾して下さり御一緒した。

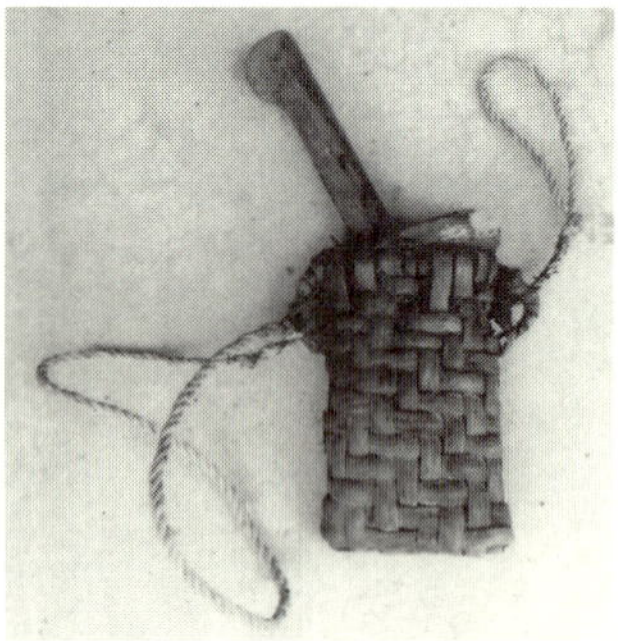
コクボのナタヘゴ（村井亮吉作）

また、刀利の献木のもう一人の伝承者、嵐龍夫さんは福光立野脇に在住で砺波の夕市に来ておられ、身近にいつも聞き取りできる人だった。生涯を山の仕事に従事し、植物の利用などに詳しかった。先生に嵐さんのことをいうと、「頭の中のことを全部吸い取っておいで。喰らい付いて離れられん」と淡々と言われた。そうか。そんな気持ちで聞けばいいのかと思った。最初は植物に関する「カヤ・ススキ利用法」・「麻栽培と加工」などについて聞き取りした。また「樹皮の利用」については実演を含め詳しく聞き取りし、長い年月にわたる山の民の知恵を知り、大変興味深かった。それから編み組法や材質が縄文時代から伝えられている「コクボのナタヘゴ（鉈鞘）づくり」や「ケヤキの良木育成と用材になるまで」・「マムシの民俗」・「城端莚の生産と集荷」・「ガマ・スゲ・カラムシの利用法」などを記した。先生は「一つの地域を深く見ることは、また全体をも知ることになる」といわれた。私はこれからも小矢部川上流域にこだわりながら学びたいと思っている。

私は汲めども尽きぬ郷里のことを一つずつ書いていくのは、大変に嬉しいことである。稿をまとめる時、佐伯先生に的確な参考文献を御教示頂き、分からなくなるたび先生の御指導をうけている。これまで私のすべての稿は、佐伯先生に目を通して頂いて初めて活字となっている。

このような温かい御指導をいただいていることに、深い感謝の念でいっぱいです。これからもずっと御指導下さいますよう、お願い申し上げます。

佐伯先生の米寿を祝って

晒谷和子

佐伯先生、米寿を迎えられおめでとうございます。心よりお喜び申し上げます。先生にお世話になった数々のうちから、思い出すままに幾つか紹介させて頂きます。

「佐渡家資料目録」作成中の作業風景

① 今から四十年近く前、高岡市の社会教育課で児童文化担当だった私は、各家庭の「雛人形と雛祭」を調査する方法の教えを乞いに、当時、市堰建工にお勤めでいらした先生を訪ねた。会社への迷惑が少々気になったが、先生は一向にお構いなく、丁寧に一つひとつ教えて下さった。その時、雛を飾る部屋について「口座敷・奥座敷・おい・茶の間」などいくつかの部屋を調査項目に挙げられ、吃驚仰天。高岡の町屋では茶の間と寝室だけというウナギの寝床のような家が多く、〝砺波〟の広さと先生のおおらかさに驚いた。

② 平成七年、高岡市文化財審議会の委員になって頂いた。翌八年、伏木一宮の「気多神社のにらみ獅子」を調査するため現地へご一緒した。先生は地元の方に会った瞬間から、何十年来の知人のごとき親密感を醸しだされ、人々はたちまち先生の魅力のとりことなっていた。勿論、市指定無形文化財になった。

③ 同十三年二上山総合調査研究会が発足した。二十一年『二上山研究』第6号に「「養老清水」と「岡の湯」ほか—二上射水神社文書整理作業から—」を、二十三年『二上山の自然と文化』に「近世養老寺奉仕の築山行事の実態」及び「二上山南麓二上地区の開発と用水」をご寄稿いただき、歴史・文化部門の内容が充実した。

④ 当研究会事業の一環として、二十年六月から「二上射水神社文書目録」作成に着手、博物館長室を作業場とした。暑い夏を経て雪降る十二月末に完了。この目録により、二十二年同文書が市指定文化財となる。二上では国重文「木造男神坐像」・

県指定「築山行事」（県委員として尽力）に市文化財が加えられ、大変に喜ばれる。二十三年地元で目録を発行し「二上射水神社再興四〇〇年記念事業完成式典」を執行。佐伯先生が大立役者となられた。二十一年二上の「大菅豊家文書目録」、二十三年「金光院文書目録」を作成して頂いた。

⑤ 二十五年四月、高岡市教育委員会の「佐渡家資料目録」作成事業の総括責任者に就任して頂く。佐渡家は江戸初期に前田利長に招かれ高岡で町医者を開業した四〇〇年続く家柄で、膨大な史資料が二つの蔵と主屋に収納されていた。

佐渡家から持ち運ばれ机の上に山と積まれた古文書を、十個余りの段ボール箱に分類されるお姿は、まさに手品師であった。先生は「私の命との競争です」と、二年間、日参された。女文字の非常に難解な手紙文にも、「古文書は読むのではなく、読み込まないと」と、文字の奥に隠されている背景を読み解かれた。運よく先生の薫陶を受けることでき、非常に得難い幸運を感謝している。古文書・歴史資料は二、四五〇件、六、六七二点にのぼった。先生のお力をもって二十七年三月に目出度く目録を刊行した。

出版後、「これからはもう会えなくて寂しくなります」というと、「電話をかけてくれたら、いつでも来ますわいねん」と温かいお言葉をかけて下さいました。私は博学の佐伯先生に助けられ、何とか今日まで生き延びてきたように思います。何の御恩返しもできませんが、先生には白寿をめざしてご健康に生きて頂きたいと心より念願いたします。

お祝いの言葉

島田章代

この度、佐伯安一先生が米寿を迎えられるに当たり、先生の御研究を振り返り、私なりの感想を述べさせていただくことで、お祝いと感謝の意を表したいと思います。

佐伯先生がこれまでに残された御研究の領域は、民俗学のみならず、歴史学、地理学など、幅広い領域にまたがっており、その業績といえば膨大なものになります。御著書の『富山民俗の位相』によって、民俗学者としてのお名前は夙に高く、また、『近世砺波平野の開発と散村の展開』では、歴史地理学者としての面も大いに発揮されるなど、その業績は広く永く、後人に活用されることになると思われます。

佐伯先生の御研究には、いくつかの特筆すべき点があります。まず、佐伯先生の御著書を読むと、民俗的な分野においては、現地調査を入念に行われ、極めて正確に詳細に現場の様子を伝えておられること。しかも、現地調査から見えてきた事実を、さらに広く民俗史の視点から考察され、解釈しておられることです。

次に、『近世砺波平野の開発と散村の展開』に見られるように、歴史地理学者としては、史料を丁寧に読み込み、他の史料にも鑑みて、地域の歴史的展開を確実な史実に基づいて、細かく広く推測されていることです。史実に基づかない自分本位の推測は、どの著書を拝見しても見られません。ここに、佐伯先生の研究に対する誠実な姿勢やお人柄が如実に顕われているような気がします。

さらに顕著なのは、やはり米寿の齢に達するまで、一貫して絶え間なく積み上げてこられた膨大な研究の量そのものでありまず。佐伯先生は、二十四歳にしてすでに『砺波民俗方言集稿』八分冊を発行されています。当時は、会社に勤務されながらの御研究であったとお聞きしております。傍らで仕事を持ちながら、弛むことなく研究されてきたことに鑑みれば、佐伯先生の御努力と探求心の深さを思わずにはいられません。

さて、私のような小学校の一教員が、僭越ながらも佐伯先生の米寿に際して、この小文を仰せつかることになった経緯は、私が大学を卒業し教員になったばかりのころにまで遡ります。大学の卒業論文で輪島市の「輪島まだら」という古民謡の伝承について研究した私は、研究者の道こそ志さなかったものの、民俗的な分野に関心がありました。あるとき、知人の紹介で佐伯先生に初めてお会いしました。「いかにして、職業をもちながら研究を続けるのか」と問う私に対して、「少しの待ち時間でもあれば、すぐに本や資料を読んだものだ」とそのときおっしゃいました。今にして思えば、佐伯先生は、そのようにして仕事と研究を両立され、厖大な量の研究成果を積み上げてこられたのだと思います。まさに、脱帽すべきことです。

半世紀以上に及ぶ佐伯先生の御研究は、今後ますます深められ、地域の記録としても大きな意味を持つことになるでしょう。今後も多くの研究者の先達として、益々お元気でご活躍されることを心より願い、米寿に際してのお祝いのことばとしたいと思います。

佐伯先生に教えていただいたこと

白岩初志

まだ民俗調査の手法も分からず模索していた頃、とにかく「富山民俗の会」に飛び込みました。その理由は、上司から、地元ネブタ流し調査の課題を出されたことが契機でした。聞き取り調査に不慣れで、必要に駆られて会に参加しました。

ちょうど富山民俗の会では「村境の民俗」をテーマにして盛んにフィールドに出て村々を訪ね歩き古老から聞き取り調査をしていた頃でした。新聞紙上では、佐伯先生が民具シリーズで県内の民具を精力的に取材し紹介しておられた頃で、県下では漆間元三先生をはじめ、伊藤曙覧先生、広田寿三郎先生、荒木菊男先生など多くの先生方が精力的に報告を発表しておられました。

そのころ飛び込んだ私は、早速五箇山相倉の調査に入ることになりました。富山民俗の会での全体調査は年三回ほど現地に通って調査をし、不足部分は各自で補って再調査するという方法でした。当時、古老を迎えて諸先輩方に囲まれてする聞き取り調査は、紋切り型の質問には紋切りの回答が返ってくるだけで虚しく終わってしまい、浅学を露呈するばかりで、調査を深化させることはできませんでした。

そんな折、佐伯先生から、調査の方法論として「先入観を捨てて真摯に問いなさい。」と助言をいただきました。その方が意外な発見ができるかもしれないという主旨のことを言われました。振り返ってみると民俗の現地調査の要を説いたものだと解釈しています。

また、県内市町村では漆間佐伯両先生が中心となり、市町村史の民俗分野刊行に指導力を発揮されていました。その成果により県内では多くの貴重な文化財が価値を認められ指定を受けています。滑川市でも「滑川のネブタ流し」は評価を得て市指定から県指定、平成十一年には国指定の重要無形民俗文化財に指定されました。先生には富山民俗の会のご縁で当市の文化財審議会委員にもなっていただき、ネブタ流し行事や赤浜のショーブツ行事、岩城家などの民俗文化財には高所大局から評価をいただき、保存や指定には格別な後押しをしていただいています。

また、福井、石川、富山県で構成される三県民俗の会発表などでは、発表者の起用については、努めて若手研究者に発表の場を譲るなどして、学徒の背中を押して励ましてくださいます。

先生の業績の一つである獅子舞の研究は、富山県下一千余カ所に所在する獅子舞を初めて五類型に分類し系統付けし、越中から北海道へも移住民が獅子舞を伝承した事実をまとめ上げられた労作で、調査は白眉であります。その成果として獅子舞は富山の代表的な民俗芸能の一つとして挙げられています。謙虚にして真摯、その研究成果は富山県内外から評価され、受賞歴が先生の歩いてきた道筋を物語っています。

漆間先生の亡き後は富山民俗と民俗の会の行く末には心血を注いでおられ、先生の限りない探究心と民俗学徒としての真摯な姿勢に接し、怠惰な自分もあやかりたいと日々願っています。

先生に触発され助言を受けたテーマから、私の昨今の研究課題としては、地元地域の年中行事として、祭礼や五月節供の菖蒲打ち、七月のネブタ流し、八月の盆行事などを見直しています。

最近取り組んでいる事柄からひとつ取り上げるとすれば次のとおりです。

【祭礼花】

四月から五月にかけて滑川の旧町部で行われる春の祭礼には、街道の軒先を紙の花で飾る風習がありますが、近隣にあまり例がありません。滑川ではその存在意義すら知る人もいなくなりました。

調べてみると、大正時代の風物を描いた金沢市内の祭礼には軒先を紙花で飾る風習が紹介されています。

祭礼花

祭礼飾りでは、高岡の御車山祭りや県西部曳山祭りなどに見られる花や、京都の鎮花祭などの例を見ると、桜花の霊威で災厄を払ったり秋の豊穣を祈願する風が見られ、桜花で軒先頭上を飾るのは氏子崇敬者の祓いである事が分かります。五月の端午節供に屋根を菖蒲で葺く習慣は全国に広く見られ、植物の霊力に依って祓う風習が源にあるとみなされます。多くの謂れが失われていますが、他の地域の様子から本来の目的を探ることができ、今後も滑川市において貴重な民俗慣行として伝承されていくことを期待します。

滑川のネブタ流し

【ショーブツ】（菖蒲打ち）

五月四日午前中、子どもらが菖蒲を芯にして藁で巻いた叩き棒（仮称）を製作して、夕刻全戸を一軒ずつ訪れ庭を叩いて廻る行事です。古くは県下一円で行われていた菖蒲打ちですが、現在では滑川市赤浜地区で行われているだけです。（平成二十六年度滑川市無形民俗文化財に指定されました。）地元では「モグラウチ」とも呼ばれ「五月のショウーブツ、モックラモチ、ショウブツダーイ」と地面を叩きながら唱えます。各家庭では家中の戸窓を開け放ち、大音や菖蒲の香を取り込んでいるようにも見えますが、なぜ戸窓を解放するのか、その理由を知る人はいません。全国的には「菖蒲刀」「菖蒲鉄砲」という名称で呼ばれ、菖蒲で編みこんだものや藁を巻きつけた棒で地面を叩いたり、子ども同士が争ったりする行事として行われていました。また、五月節供の錦絵に江戸市中の子供たちが叩く様子が紹介されていることな

赤浜のショーブツ行事

どから、全国で広く行われていたことが分かります。すでに『菅江真澄遊覧記』には朝早くから叩く音で目が覚めたと記されており、大音を立てることが重要であったようです。『滑川町誌』によると五月の節供に菖蒲束で婦人のお尻を叩く風習のあったことが報告されています。西日本の特色としては、この日菖蒲で女性の尻打ちをする風習が残されており、菖蒲には豊穣繁栄につながる霊力があると見做されています。東西の民俗事情が富山県滑川市では混在していることが分かります。菖蒲刀の形状にも地域差があることが分かります。

また、予祝祝いとされる五月の菖蒲打ちに対して、対極の収穫月にあたる十月十日の「十日夜」や「亥の子」にもよく似た行事が行われることが分かっています。『民俗分布地図』によると西日本では藁棒の他に石搗きで唱えごと「いのこ祝わんもんは鬼生め…」等と言いながら地面を搗くところがあります。春の菖蒲打ち、秋の「十日夜」や「亥の子」、いずれも豊作豊穣を願う行事であることが分かります。

一度発表する機会をいただきましたが、いずれ整理して時代差や地域差を考察して書き直ししたいと思っています。

【ネブタ流し】

毎年七月三十一日に滑川市の海岸で行われている民俗行事で原形は「眠り流し」ですが、松明に火を灯し海上に流すという「火」と「水」による祓いが行われている点が、他と大きく異なるところです。滑川の行事は青森のネブタやネプタより古い型態を伝える行事として貴重であるばかりでなく、迎え盆の要素も含んでいます。多くのネブタ流し行事が風流化してゆく過程で、素朴さを今もとどめている貴重な行事です。近年青森県黒石市にも滑川市とよく似た形態の「火流し」行事のあることが分かり、地元青森では風流化する前のねぶたの祖形を物語るものと考えられています。

【オショーライ】

現在も県東部を中心として迎え盆の行事としては迎え火を焚いて先祖を迎える「オショーライ」があります。また、七夕としては七月七日や八月七日に川に流す行事が一般的に知られていますが、現在でも中新川地方を中心に、燃やすことを主眼とした行事が滑川市や魚津市でも行われています。「燃やす七夕」としては、入善町舟見でもかつては燃やしてから流していたようですが、燃やす七夕は七日盆の行事のひとつとして見なされます。七夕行事の本来の目的は祓にあるとする説もあり、滑川のネブタ流しは元々七夕行事のひとつとして見ることができ、迎え盆とも関係がありそうです。

佐伯安一先生には人生の節目を迎えられ、ご健康に留意されまして今後ともますますご活躍され、後進には道標となっていただきますようお願い申し上げます。

佐伯先生とのご縁

高木好美

私が富山民俗の会に入会したのは今から八年前の平成十九年だが、佐伯先生との関わりは富山市日本海文化研究所の事務局員となった平成十三年に遡る。

同研究所は日本海沿岸地域の独自の文化を学際的に調査研究する目的で昭和六十一年に設立され、所長と事務局員の他、県内外の民俗学、考古学、歴史学、自然科学が専門の研究者約五十名から成っていた。佐伯先生には設立時から二十五年間、民俗学の所員として研究のご指導・ご助言をいただいた。

毎年初夏の頃所員会議が開かれたので、事務を担当した十年間、私は年に一度は会議日程の調整で先生のお声を電話で聞き、会場の富山市役所七階の教育委員会室で、杖をついてニコニコと登場される先生のお顔を拝見した。先生のお宅へ電話をするときは、九コールまで待つことも覚えた。

平成十三年九月二十日富山市民学習センターに於いて民家の間取を説明される佐伯先生（富山市日本海文化研究所公開講座で）（筆者撮影）

その他先生には、研究所が開催する公開講座やフォーラムでもご講演いただき、深く身についた幅広い知識に毎回圧倒された。

平成十三年九月二十日には、「島と半島の日本海文化」を共通テーマとする公開講座の第六回で、「氷見と能登―民俗の基層―」と題して能登半島とその付け根に位置する氷見が同じ民俗圏にあると述べられた。平成十九年五月二日には、共通テーマ「祭りと信仰からみた日本海文化」の第一回で、「火を流す祭り―日本海側のネブタ流し・ほか―」と題し、東北から北陸にかけての日本海側に火を燃やしたり水に流す祭りが多く見られることを指摘された。

講演に関する事務連絡の他にも、ご講演後は記録集の刊行のために原稿のやり取りが続いた。こちらでテープを起こして先生にチェックしていただくのだが、専門外な上にそれまで地元に対する関心が薄かった私は、聞き間違いと勘違いだらけの原稿を届けていた。先生はその度に根気強く丁寧に修正してくださった。

こうして研究所の仕事をやっとの思いでこなす中、富山民俗の会に入会する機会が巡ってきた。平成十八年の公開講座で、民俗学の野本寛一先生が県内の灰納屋に触れられたことがきっかけだった。私が兼務する富山市民俗民芸村の陶芸館にも灰納屋が移築されていたこともあって興味を持ち、さらに同村の七つの博物館で灰をテーマとした連携企画展を翌年開催することが決まったため、灰納屋について調査をする必要が出てきたのである。

平成十九年五月の所員会議の後、私は会場で先生に灰納屋について質問をし、一週間後に砺波市久泉のご自宅を訪ねた。壁際に古文書が積み重なる先生の仕事部屋で、灰納屋研究について御教示いただいた後、立派な灰納屋を持つご近所の家に案内してもらい、写真撮影許可の交渉から、カメラの角度なども指南していただいた。

それから数日後、先生から研究所に封書が届いた。『日本民家語彙辞典』『日本方言大辞典』の「灰」とつく言葉の部分のコピーが四枚入っていて、灰納屋の全国各地での言い方や、灰を「ハイ」だけでなく「アク」と発音する場合があることが黄色の蛍光ペンでマークしてあった。

何とかこぎ着けた九月の展覧会場にも足を運んでくださり、このご縁で十二月に富山民俗の会の例会で発表、先生には灰納屋の調査範囲を全県に広げることを勧められ、『とやま民俗』No.70にまとめさせていただいた。

こちらの意向を察して俊敏に動かれ、短くも的確な指摘をしてくださった先生に改めて感謝を申し上げたい。また、砺波のお宅で炬燵掛けのような布がかかったテーブルで、ジュースとお菓子を先生自ら出していただいたことも温かい思い出となっている。

実は佐伯先生とのご縁は、私の嫁ぎ先である高木家とも早くからあった。

義父の故高木正一（大正十二年―平成二十二年）は上市町の山手の五位尾村の出身で、二十代で山を下りたが、六十歳頃人手に渡っていた山の実家を買い戻した。その頃義母が通っていた富山市の演劇教室の演出家守山進氏が、活動の一環として民話の発表会を五位尾の家で開催したいと言われ、年に一度大型バスで五十人ほどがやって来るようになった。その会では民話の発表の他に識者の講演などが行われ、その席で佐伯先生も獅子舞の話をされたというのである。平成元年頃、富山民俗の会が五位尾の村の調査をされたことは聞いていたが、それ以前に佐伯先生と高木家は繋がりがあったのだ。

このところ民俗の調査をとんと怠っている私だが、佐伯先生とのご縁を通して、義母と五位尾の山の家や亡き義父の話をできる幸せを噛みしめているところである。

刀利（富山県旧西砺波郡）にみる真宗と蓮如

谷口典子

佐伯安一先生、「米寿」おめでとうございます。先生にご縁をいただきましたのは、刀利出身の夫が六年前に他界しまして後、加藤享子様から東本願寺への献木の話を伺い、「富山民俗の会」の活動に関心を持ってからでした。

「富山民俗の会」が佐伯代表のもと、民俗という視点から貴重な研究と、地道な活動をしておいでのことに敬意の念をもって会誌他を拝読してまいりました。

ここでは、故奥野達夫様や太美山自治振興会他の皆様のご協力をいただいて一昨年出版いたしました『山崎少年の刀利谷』に、佐伯先生より貴重な資料をお寄せいただいた中に、日頃私が夫の中に感じておりました「刀利」の精神性に触れるものがありましたので、そこを中心に考察させていただきました。

一、浄土真宗と「妙好人《みょうこうにん》」

鈴木大拙は名著『日本的霊性』の中で、真宗が世界に誇れる最大の功績は「妙好人」を無数に輩出したことにあると述べているが、現、富山県砺波郡からは妙好人を数多く出している。代表的ともいえる人物は、五箇山西赤尾の道宗で、近くは砺波の庄太郎がいる。

妙好人とは篤信・得道の人を意味しており、大部分は無名の信者で、静かに埋もれていった人々であった。ここにあげた砺波庄太郎はこの地方に延々と続いた真宗門徒としての生活の一端を見せてくれる。この地域の祖先たちはみな朴訥にして純朴であり、黙々と働いてきた。

砺波庄太郎の生活は朝は三時半に起き、仏壇に参り「正信偈」、「和讃」の勤行をした後、食事を済ますと暗いうちに出て、夜は星をいただいて帰ってきた。庄太郎は「少欲知足」の人で、

今も刀利ダムの南斜面に咲くカタクリの花

外では勤勉力行、内では節約倹素に努め、無駄づかいはせず、日々の生活は心豊かにすごしたという。そして常に家業を大切にするように戒め、力のあらんかぎり働くことを努めていたという。

亡き夫のふるさと「刀利《とうり》」は砺波地方の中でも雪深い山間の集落である。主に林業を生業としており、五〜六〇軒あまりの小村であるが全戸が浄土真宗大谷派という特徴を持っている。ここを布教して歩いたのが浄土真宗再興の祖といわれる蓮如であった。蓮如は聞法を強調し、仏法の中での生活を説き、信仰生活の具体的表現は仏恩報謝の念仏であるとした。それは先にみた妙好人、砺波庄太郎の生活とするところであるが、そこには『恩徳讃』の心そのものがあった。即ち、「如来大悲の恩徳は　身を粉にしても報ずべし」、「師主知識の恩徳も　骨を砕きても謝すべし」であった。

仏法を聴聞して信心を獲《う》ることを主とした集まりのことを「お講」というが、真宗地帯においてはお講こそが村や町の生活の基礎単位であった。したがってお講の最小単位は、皆が心の底から話し合える二十名前後の小寄講であり、そこには大人から子供まで（老年・壮年・青年・女性・子供）さらには職業別というように、さまざまな講があった。それぞれ月に一度は集まって語り合い、年に一度は皆で「報恩講」を勤めた。こうしたコミュニティーともいえる場が地域文化の継承や人間教育の土壌となった。

二、刀利の人々にみる日常生活と真宗倫理

ここでの日常生活は真宗の世俗内倫理によって育まれてきたもので、人々は勤勉に、そして心豊かに暮らしていた。こうした真宗固有の精神に、民俗学者で思想家の柳宗悦や富山県福光町に疎開して真宗の「精神」に触れた棟方志功は深い感動をおぼえ、宗悦は色紙に、志功は襖絵などに、これらに関する多くの作品を残している。

蓮如は叔父の越中瑞泉寺の如乗の支援で四十三歳の時本願寺八世を継職、翌、長禄二年（一四五八）に初め

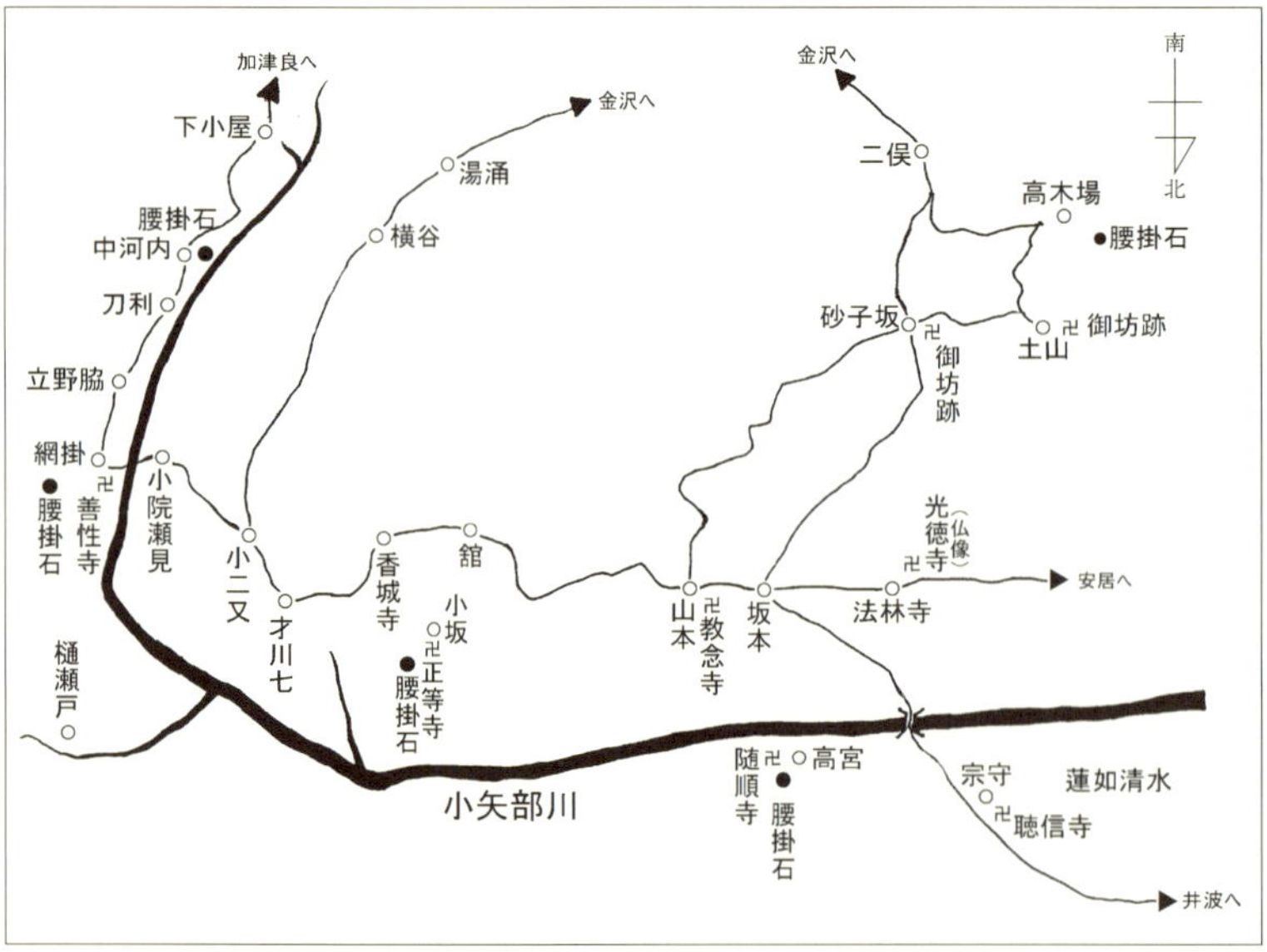

蓮如が布教した道と途中の腰掛石

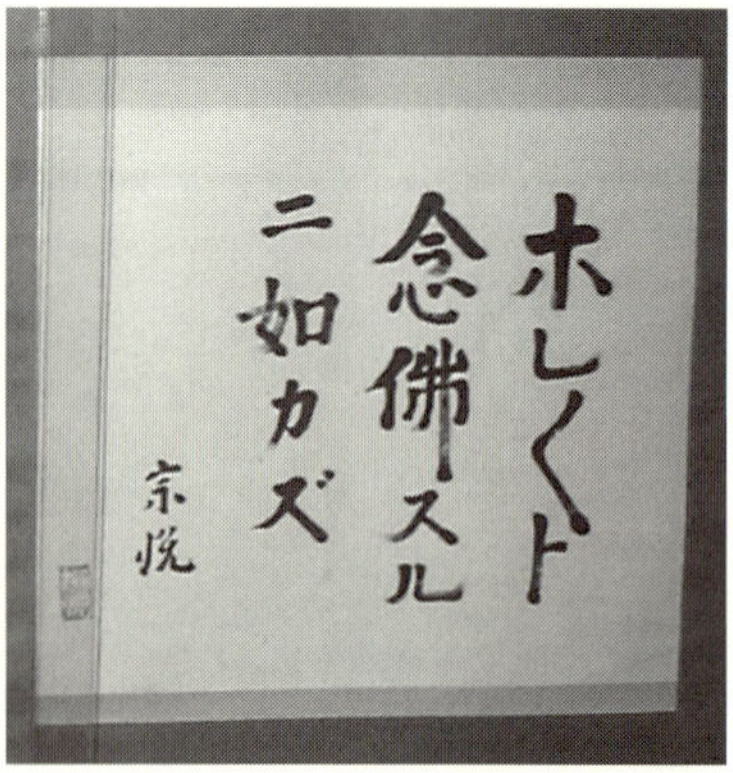

光徳寺内にある、宗悦の色紙

て北陸へ下向した。そして文明三年（一四七一）吉崎に御坊を建立、北陸教化の前線基地にしたのであった。蓮如は五箇山に行く時、城端から刀利、中河内を通っていった。五箇山には行徳寺を開いた妙好人の道宗がおり、蓮如の布教に多大な協力をしていたために、吉崎への近道としていつも刀利を通過していったのである。その後、五箇山の行徳寺は真宗の一大拠点となり、これらの道は「真宗の道」ともいわれた。

真宗では「門徒《もんと》」とは親鸞聖人の直弟子のことを指しており、「檀家」より重い意味を持っている。檀家が家単位の関係（過去帳を通して寺に所属する家）であるのに対して、門徒とはあくまで一人《いちにん》の自覚という意味を持っている。それゆえに妙好人という、学問や修行の有無に限らず（信心の内容に、一般の人と僧侶との区別をせず）、そのままで道宗や砺波庄太郎のような、僧侶をしのぐほどの念仏生活者を輩出して来たのであった。

また「肩衣《かたぎぬ》」という仏前でお勤めする時に身につける衣《きぬ》も真宗独特のもので、古くは「袖のない粗末な衣」という意味で、民衆が着る粗末な日常の着物であった。それが鎌倉時代に入り、いわれなき差別を受けた人々を示す服装となったものだという。それゆえにこれは以来、仏法を聞こうと集まった人々の心を受けつぐものとして用いられるようになってきた。即ち、以後「自分は愚かな凡夫である」ということをもとに、教えを聞かせてもらうという帰敬の意味を持つものとなった。

刀利においては仏事の時、及び朝晩の勤行の時には必ずこの肩衣をかけた。どの家にも屋敷内に仏間があり、大きな仏壇が据えつけられていた。仏壇は西南の一番良い部屋におかれ、客間としても使われていた。仏壇は信仰の象徴であり、仏間は家族の結束の場であり、教育を行い、継承させていく場であった。

三、家業（生業）と生死《しょうじ》

刀利はダムに沈む前、村の生業は炭焼きだった。その炭焼きは、朝は暗いうちからカンテラを下げて山へ入り、夜は暗い夜道を重い炭俵を何俵も担いで這うようにして家路についたという。夫は生前「出《だ》し釜《がま》」の時は朝早くまだ暗いうちにカンテラを下げて行き交いした。ようやく周りが明るくなってくると、チカチカと光るネオンの明かりがだんだん消えていった。夜は夕方遅く家路

蓮如像の掛かった床の間と肩衣をかけてお勤め中の義兄

に帰る途中、足もとが暗くておぼつかないけもの道を一足一足踏みしめながら、ナカンジャラ（中平）の深い溝の道を、休み棒を溝道の両側に掛けて、その上に背負った炭俵を載せ、一休みした。遙かにみえる金沢市街地、ある時は内灘方面の海に沈む大きな夕日に見とれた。父は赤い夕日が見られた時は、決まって合掌し、その日の無事を感謝していた。ヤスンバ（休場）の下辺りから金沢の市街地が視界から消え、大きな夕日がだんだん欠けて、それも海の彼方に沈んでしまうと、辺りは急に真っ暗闇になったが、ガス灯を灯すわけでもなく、慣れた山道を下って家路を急いだ。急な坂道で担いだ炭俵などが両側に引っかかったが、その時は横になって急坂を蟹歩きした」と言っていた。

幼少期から生活の中に「教え」が色濃く溶け込んだ中ですごした刀利の人々にとって、「ほんこはん（報恩講）」でとなえられる『恩徳讃』は、母のおなかにいたころからきいてきたものであり、それは「生きていることの全体を感謝しているか」、「自分自身を受け入れているか」というものではなかっただろうか。こうした「報恩」の心を中心とした精神文化が、刀利の文化ともいえるのではないだろうか。そしてそこには「倶会一処《くえいっしょ》」のこころもあった。

仏教においては「生」と「死」とは対立するものではなく、「生死」という一つの事柄、「生死一如《いちにょ》」としてとらえられている。「生」を離れて「死」はないし、「死」を離れた「生」もないのであって「生きている」ということは、死と共に歩んでいるということであった。それは即ち「死すべきものとして今を生きる」ということであり、「今の自分にはこれまでの先祖の命がある」というものであった。

親鸞は『教行信証』の末尾で「前《さき》に生まれん者は後《のち》を導き、後に生まれん者《ひと》は前を訪《とぶら》え、連続無窮《むぐう》にして、願わくは休止《くし》せざらしめんと欲す」と述べており、『阿弥陀経』では「倶会一処」（倶《とも》に一処《いっしょ》に会《え》す）と説かれている。これらは刀利の人々の中に先祖への崇敬の念、感謝の念として深く根付き、朝晩の家族そろっての勤行をとおして、強く意識化されていったものであった。路の辺にあまた建てられている「南無阿弥陀仏」の石碑は、誰のものでもない、道行く人々、村の人々のこころを示すものとして今も多く残っている。

また、刀利では生業（職業）をとても大切にした。先祖から受けついだ家産は次世代に譲り渡すこと。それが先祖に対する自分の使命であるという意識がとても強い。自身は家業継承という一連の連鎖のうちの一つにすぎないというものである。したがって引き継いだ家産は減少させてはならないもので、先祖からの連鎖を断たないことが先祖への報恩であり、やがて死する身の役割であった。仏恩と先祖に対する感謝の念をもって家業に励むこと、それが真宗の持ってきたもう一つの精神性ではないだろうか。

亡き夫の中にもあったこれらのものを再発見した気がする。

佐伯安一先生から「学ぶ」～真摯な研究姿勢とお人柄

中葉博文

佐伯安一先生が、米寿をお迎えになったこと心からお祝い申し上げます。

私と佐伯先生との色々な関わりなどについて、つれづれなるままに書き記したいと思います。

1. 先生との「出会い」～一通の手紙から

大学時代、私は氷見市の地名について一冊の本（拙著『氷見市地名の研究』）にまとめるために、帰省の折に、よく富山県立図書館や地元、氷見市立図書館へ通いました。その時、時々、富山民俗の会の機関誌「とやま民俗」も読み、佐伯先生の論文がよく同機関誌に掲載されていたことから、先生のお名前を、そこで知りました。

それから数年後の昭和五十八年、私は富山に戻り、高校教員の傍ら、心機一転、ここ富山で、再び、地名研究もスタートさせました。

昭和五十八年から同六十二年頃、私の地名研究の興味・関心は、氷見市内の「越中万葉地名」と、「富山県内の平野部に分布する地名」にはどんな特徴があるかでした。

何気なく、砺波市の住宅地図を見ていると、地図の中に「割」・「島」の付く地名が、なぜ、こんなにも砺波市の平野部に多いんだろうと、そんな素朴な疑問をもちました。この疑問を解決したく、かつて図書館で見ていた機関誌「とやま民俗」から、「ふと」佐伯先生が、砺波市在住の方だということを思い出し、

今一度、電話帳で先生のご住所とお電話番号を確認し、すぐに、先生にお手紙を出しました。

数日後、先生から私の疑問であった、「なぜ、砺波市に「割」・「島」地名が多いのか。」について、その理由が書き記された、大変、丁寧で温か味のあるお手紙が自宅に届きました。先生からの

お手紙を読み終え、すぐに、先生にお礼のお電話を入れました。電話口から、先生の温厚で、お優しいお人柄がヒシヒシと伝ってくるお電話でした（先生のお人柄は、今もまったくかわっていません。）。先生に、お礼のお電話をしてから、数か月後、私自身、小地名（俗称地名）のことで、また疑問が生じました。

今度は、直接、先生にお会いして、ご教示を仰ぎたいと思い、当時、先生は砺波郷土資料館の館長をなさっていたので、資料館にお電話をして、それから数日後、砺波市久泉のご自宅へお伺いしました。お伺いした時、先生とは、小地名のことをはじめ地名研究に関すること、我が恩師、故池田末則先生（前日本地名学研究所長）や故高瀬重雄先生（富山大学名誉教授・金沢経済大学名誉教授）のこと、富山民俗の会の活動のことなど、時間を忘れて、先生と歓談をしたことを、今でも鮮明に脳裏に焼き付いています。

今振り返って見ると、先生との出会いは、昭和五十一年五月に故池田先生との出会いによく似ています。いずれの出会いも、私自身の地名研究において生じた「疑問」を解決したいということから、一通のお手紙を先生にお出ししたことが、先生との「出会い」です。

2. 先生からの大きな力添え～我が教員人生の中で

私自身、佐伯先生と関わりが深くなった要因の一つとして、私が富山民俗の会に入会したことがあると思います。私が同会に入会したのは、昭和六十三年の一月です。当時、私の地元、氷見市で郷土史家としてご活躍されていた故円佛三郎兵衛、故橋本芳雄、故高西力諸先生方からの入会のお勧めもありましたが、何よりも、私自身、（数年前から直接先生とお話しをするようになって）佐伯先生のお人柄に魅かれて同会に入会しました。

同会に入会したことと、私自身、その年の四月に、高岡商業高校から二上工業高校へ転任したことも、先生との関わりが、さらに深まったように思います。

私は、転任当初から、同校周辺の自然や歴史的環境、そして、同校に通う生徒たちの積極的な地域行事（特に祭り）への参加状況などから、教科指導や生活指導そして課外活動で、同校の実態に即した指導ができないかと、日々、模索していました。

赴任した年の五月連休明けぐらいだったと思います。ある程度、自分なりの指導方針や内容がまとまり、一度、佐伯先生のご自宅にお伺いし、先生から助言をいただきました。

このご自宅へお伺いしたことがきっかけとなり、先生には、講師として同校に来校していただき、直接、生徒達にもご指導していただくこととなり、在任中、先生には力強いお力添えを、いつもいただくこととなりました。

特に、私自身、印象深い出来事として、平成四年五月二十五日に、佐伯先生に同校に来ていただき、「富山県の郷土芸能―獅子舞について―」という演題で講演をしていただき、その後、生徒たちによる獅子舞を実演するというユニークな内容の地理授業（「地域調査学習」の一環）を、二年生全員を対象に行いました。

日頃、多くの生徒たちが身近に接する題材、「獅子舞」ということで、実施当日、生徒たちは大変高い関心を示してくれ、真剣に、佐伯先生の講演を聞き、講演後、男子生徒二十人余りが、氷見市に伝わる氷見獅子の「舞」を衣装をつけて実演し、その舞いを見ながら、私と佐伯先生が、衣装や踊り方の解説を加え、生徒たちは真面目に聞き入ってくれました。

この授業が、一つのきっかけとなり、多くの生徒らは、その後、高い学習意欲を以て、授業に取り組んでくれたことを、今でも覚えています。

当時、このユニークな授業のようすが、翌日の北日本新聞で紹介され、この記事が縁で、その年の十一月十三日、富山県高岡文化ホールで開催された第五回富山県高校文化祭のオープニングで、生徒たちは「獅子舞」を披露し、多くの観衆を魅了しました。

私自身、佐伯先生に同校に来ていただき、この年、一年間をかけて「獅子舞」（年度末には、生徒たちと獅子舞に関する調査報告書を刊行した。）をテーマにした「地域調査学習」を実施したことが、私の教員人生における教科指導の一つの起点にもなりました。

その後、私は、同校周辺の自然や歴史景観を扱った「巡検学習」なる指導法をも開発し、同校赴任中、毎年「同学習」を実施し、高いレベルでの教科指導ができました。

また、同校において、私が赴任する数年前より、同校は、県の「特別教育活動」指定校であるということから、毎年、学校近くに聳える「二上山」に関する調査・研究を行っていました。

私自身、赴任と同時に、この教育活動の担当者の一人にもなり、赴任当初から同活動が、これまで以上に活発になるようこの活動においても、色々と模索していました。そんな中、佐伯先生に来ていただいた授業が誘因となり、その後、生徒たちによる「学校周辺の「地名」や「屋号」などを扱った聞き取り調査活動ができないか。」という発想が、私自身、わき上がり、以後、生徒たちと積極的に、「地名」・「屋号」調査を実施しました。

後に、私がまとめた二上山周辺に関する地名論文は、この生徒たちと共に行った聞き取り調査が「礎」となっています。

佐伯先生には、現在に至るまで、私の赴任先々で、多大な力添えをいただいております。二上工業高校以外で、佐伯先生にお力添えをいただいて、印象深い出来事として、例えば、平成十九年度から同二十二年度まで、県民カレッジ砺波地区センターに学習専門員として私自身在職した時のことが思い出されます。
同センターから佐伯先生のご自宅が近いということで、よく、ご自宅にお伺いしました。先生には、平成十九年十月十八日に、学術講座である人間探究講座の講師として「庄川の洪水と治水―松川除を中心―」という演題で、お話しをして

いただいたり、また、県民カレッジ二十周年記念の一行事として、平成二十年八月十日に、となみ散居村ミュージアム情報館で、私自身、企画した内容（「となみ野の食文化フォーラム」）で、佐伯先生には、基調講演（演題「砺波地方の風土と郷土料理」）の講師やパネルディスカッション（テーマ「語り・学ぶ―砺波地方の食文化―」）のコーディネーターをしていただきました。

フォーラム終了後、石井隆一富山県知事との歓談や同知事を囲んでの郷土料理の試食会では、石井知事へのご対応などでも、佐伯先生には本当にお世話になりました。

同フォーラムが契機となり、その後、砺波地区センターでは、砺波地方の郷土料理に興味・関心を持つ人（受講生）が増え、また、同フォーラムに参加した人たちの交流の「輪」から、学びの「輪」へと発展したことで、私自身、あらためて生涯学習の素晴らしさを、このフォーラムを通して、肌で実感できた良い出来事でした。

私自身、五年ぶりに、同地区センターに今年四月（今度は副所長として）に再赴任しました。

七年前に作成した同フォーラムの記録集が、七年経った今でも同地区センターでの講座（「郷土料理」・「となみ野の食文化」）での献立レシピとして活用されていることに、大変感動しております。

あらためて佐伯先生にフォーラムで大変お世話になったことに対して、感謝の意を申し上げたく思います。ありがとうございました。

3．先生にご一緒した現地調査から学んだこと

我が恩師である故池田末則先生は、地名研究おいて、いつもおっしゃったことは「まずは、現地に立って調べ、考えなさい。」という現地調査の大切さをいつも説かれました。

現地調査において、佐伯先生とは、富山民俗の会が行った「民俗誌」調査や「氷見市史　民俗篇」に関わる調査、あるいは高岡市が行った二上射水神社古文書調査など多くの現地調査をご一緒させていただきました。

特に、私が高岡市万葉歴史館に研究員として県から出向した、平成七年から同十一年頃、先生とよく現地調査をご一緒したことが、とても印象深く心に残っています。

当時、先生のお車のトランクには、いつも「合羽」と「長靴」

が入っていました。なぜ、入っているのか。一度、佐伯先生にその理由をお尋ねすると、先生は「雨が降っても、雪が降っても、いつでも、どこの場所でも、現地の人たちにすぐに話が聞けるから…。」というお答えでした。

また、先生の聞き取り調査のスタイルは、いつもメモ帳を片手に、先生のお優しい語り口で、話者を和ませ話しやすい雰囲気を、まずは自然と作られ、それから、聞き取り調査がはじまります。先生は、話者にあまり合いの手を入れず、自由に語らせ、その間、先生は丹念にメモを取られ、最後に、聞き取り調査のようすを、持参されたカメラで必ず写真に収められるという。いつ聞き取り調査が始まっていつ終わったのかなと思うくらい、自然体での聞き取り調査です。（佐伯先生の聞き取り調査のスタイルは、今もかわっていません。）この佐伯先生の一連の聞き取り調査のスタイルは、私自身、先生のお人柄、そして真摯に向き合う研究姿勢が、そのまま聞き取りの仕方にも出ていて、当時、私自身、この調査法がとても新鮮で、佐伯先生と現地調査をご一緒するだけで、故池田末則先生から学んだ現地調査とは、また、違った観点から、「現地調査の大切さ」を、佐伯先生から多く学びました。

4. 我が地名研究の良き理解者—佐伯先生

佐伯先生は、私自身、長年やり続けている地名研究の良き理解者のお一人です。私は、今までに二冊の論集（拙著『北陸地名伝承の研究』・『越中富山地名伝承論』）を上梓しました。佐伯先生には、いずれの拙著においても巻頭言や序文などを書いていただきました。特に、拙著『北陸地名伝承の研究』においては、書評（平成十年七月二十八日の北日本新聞朝刊掲載）まで書いていただきました。

その時の書評は、今も私自身の地名研究において、「自説」を立案・立証する過程において「迷い」が生じた時、先生が書いてくださったその書評を再読することによって、我が地名研究の原点に立ち返る「教書」となっています。

これまで、佐伯先生から、本当に多くのことを、先生のお人柄と真摯な研究姿勢から学びました。

佐伯先生、これからも、今まで同様変わらぬご指導ご鞭撻のほどよろしくお願いいたします。

最後になりますが、佐伯先生が、今後、ますますご壮健でご活躍されることを祈念し、先生が米寿をお迎えになったお祝い文とさせていただきます。

伝統的土蔵造りの町並み

明治三十年代「砂糖商の文書」より

羽岡ゆみ子

はじめに

ご健勝でご活躍中の佐伯安一先生が米寿をお迎えになられることと、本当におめでとうございます。

私が思い切って「富山民俗の会」に参加させて頂くことができたのは、佐伯先生との出会いがあったからです。

「二上山総合調査が（平成十三年七月）」に結成され、民俗班の調査・研究に私も携わることができました。

佐伯先生は、「二上射水神社文書」について、多くの未整理文書を再整理し、収蔵目録を作成されました。また豊富な知識を生かした上に、地道な調査・研究への姿勢も学ばせて頂き、民俗研究への関心が一層高まりました。

一、明治・大正時代の「砂糖商羽岡久助」の存在を知る記録

㈠「佐渡家資料目録」に記載

「高岡市商業家一覧表」（明治二十九年一月二十五日）に「砂糖商羽岡久助」が記録されている。

尚、佐渡家は高岡の町医者として名声が高く、慶長十四年に前田利長から招かれて高岡に移住した。

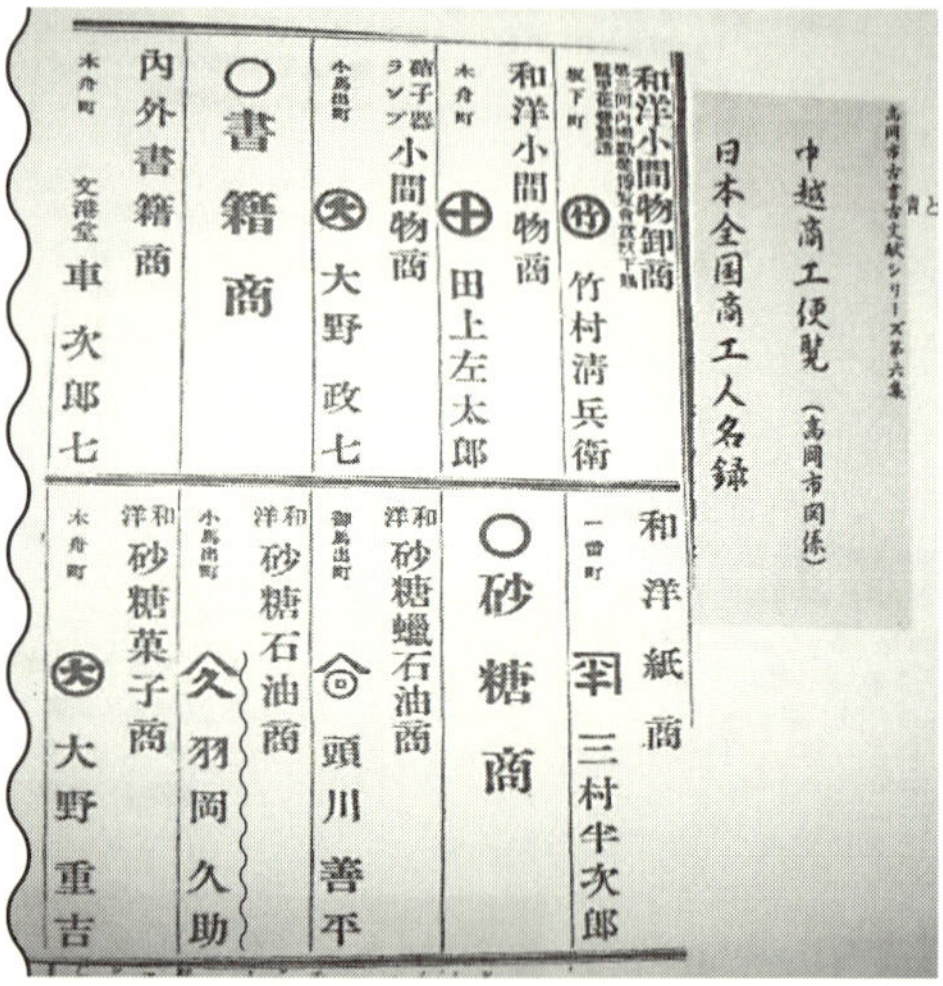
中越商工便覧（高岡市関係）
日本全国商工人名録

和洋小間物卸商 坂下町 竹村清兵衛
和洋小間物商 木舟町 田上左太郎
硝子器ランプ小間物商 小馬出町 大野政七
○書籍商
内外書籍商 木舟町 文港堂 車次郎七
和洋紙商 一番町 三村半次郎
○砂糖商
和洋砂糖蠟石油商 御馬出町 頭川善平
和洋砂糖石油商 小馬出町 羽岡久助
和洋砂糖菓子商 木舟町 大野重吉

佐渡家資料目録

㈡「引札（大正三年内外砂糖商羽岡久助）」の存在が現存

得意先に配布したもので、大正三年の暦が付いており、戸板に貼られた他店の絵や暦にも屋号と住所が載っている。

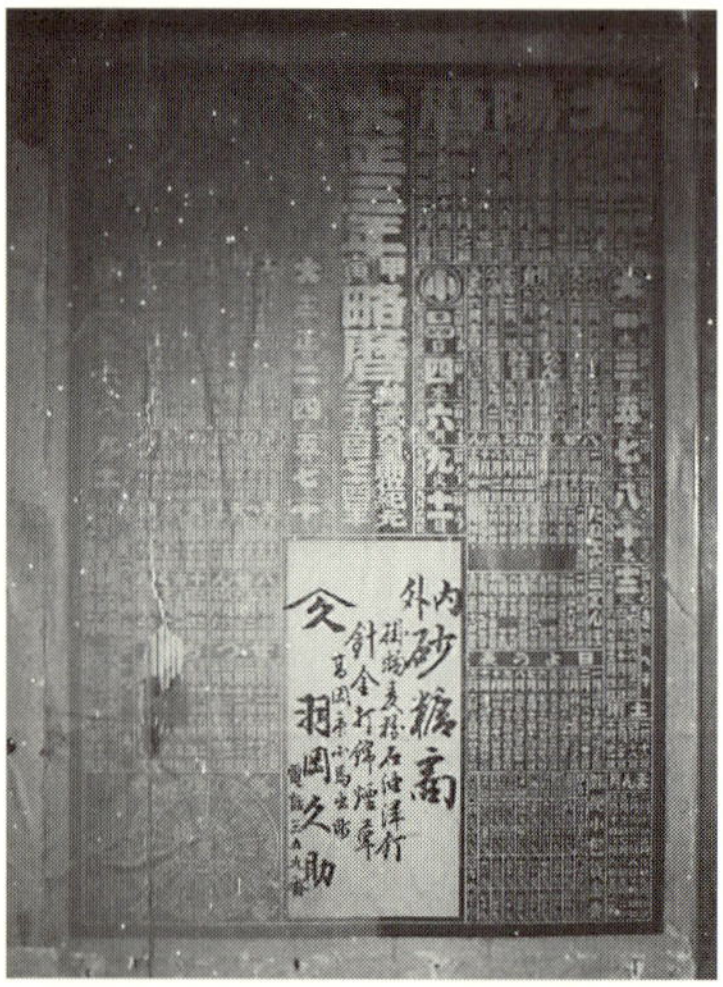

引札

二、「類焼見舞受人名覚帳」（羽岡久助墨書）

明治三十三年六月二十七日午後二時出火・沈火午後十二時の記録は、昭和四十四年高岡市史下巻と同じであり、正確な記録であると知った。加えて出火場所、類焼家屋（神社、町別戸数

に分け合計三四六三戸と記録されている。

　さらに、出火見舞い者と見舞い品目についても、おむすび・ねぎ・ふき・漬物・たら・あじ・干物等身近にある食品を届けていることが分かり、人々の温もりが手書き墨書から感じられる。

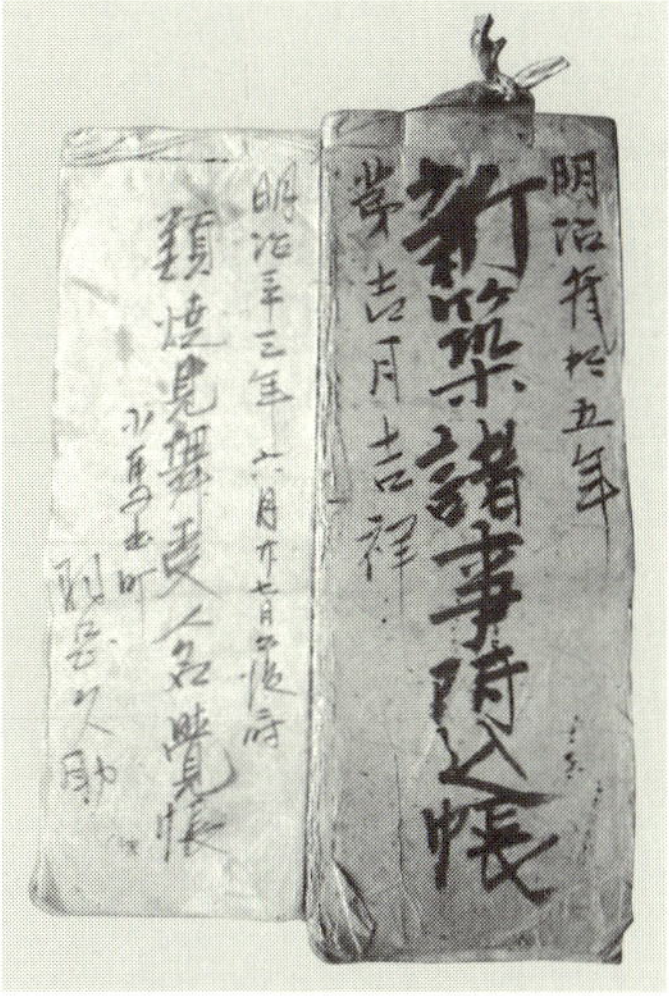

（右）新築諸事持込帳
（左）類焼見舞受人名覚帳

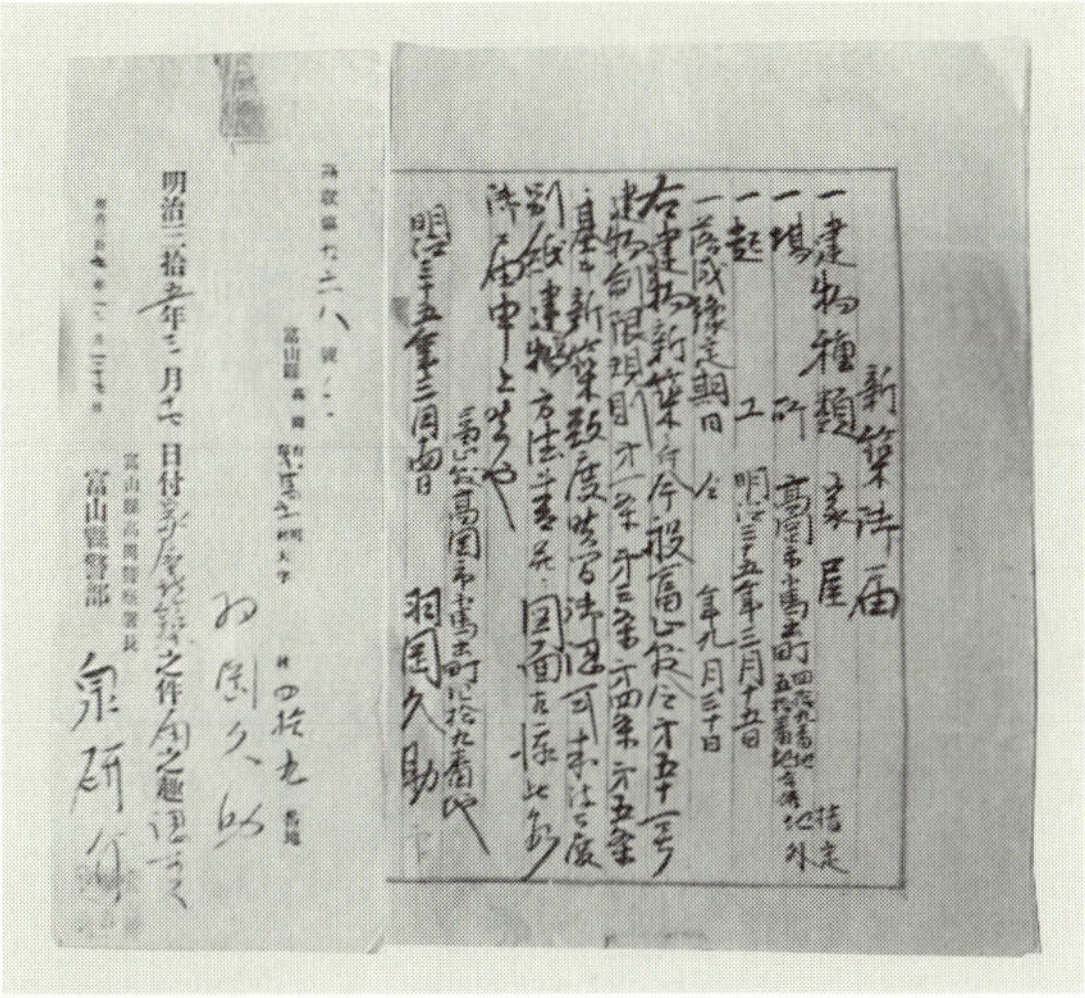

（右）新築御届
（左）新築の許可証

三、「新築諸事持込帳」
　購入日、材料名、数、値段、働き人等の墨書記入。
四、「家屋新築の届けと許可」
　富山県高岡警察署長・富山県警部に新築の届け・認可を受ける事となっている。
五、山町筋重要伝統的建造物群保存地区の特性
㈠　山町の町並みを形成した時期は、江戸時代から明治時代の

10枚の防火壁収納庫左玄関（佽羽岡家）

間と言える。

㈡　明治三十三年（一九〇〇年）六月二十七日の大火によって、市域の約六割を焼失した。

㈢　この時期に土蔵造りの建造物が建設された直接的な原因は、明治三十二年施行の「建物制限規則（富山県令第五十一号）」において、「県内の繁華街における建物の新築時には防火構造とする」ことが義務づけられていたことにある。

㈣　保存地区の歴史的風致を形成する中心的な建造物は「土蔵造りの町家」である。

㈤　伝統的建造物の種類及び数（平成十六年三月三十一日現在）は、主屋が四十二軒、防火壁が九箇所、蔵が四十七箇所等指定されている。

終わりに

民俗関係の調査研究活動を継続して行いたいと思いながら、努力を怠っていました。

このたび、原稿を書かせていただく機会を与えられたことに深く感謝しております。本当にありがとうございます。

氷見獅子舞源流考・補遺―起源としての行道獅子―

橋本裕之

富山民俗の会の封筒が届いた。開封してみたら「『佐伯安一先生米寿記念文集』（仮称）へのご寄稿のご依頼」だった。その内容は「佐伯先生とのお関わり、佐伯先生より示唆を受けたこと、佐伯先生のご研究に触発され現在取り組みつつあるご自身のご研究、その他研究ノート、民俗探訪録等々お気軽にお書きください。」というもの。これは寄稿させていただきたい。そう思ったのは、私が佐伯安一さんの研究に触発されて書いた論文のせいだろう。

私は富山民俗の会が編集した『富山の民俗学は今―富山民俗の会50周年記念論文集―』（富山民俗の会、二〇〇六年）に「氷見獅子源流考―起源としての王の舞―」という論文を寄稿した。そして、その付記として「本稿は佐伯安一氏の所説に触発されて作成したものである。平成八年（一九九六）五月一日、私は王の舞が演じられている弥美神社の境内において、小林一男氏に紹介されて幸いにも佐伯氏の謦咳に接することができた。佐伯氏の知遇を得た以降、王の舞と氷見獅子の関係について考察することは、私に課された宿題のようなものであった。したがって、本稿は佐伯氏と私が断続的に実施してきた共同調査の成果を提出したものであるといってもいいだろう。私を氷見獅子の世界へ連れ出してくださった佐伯氏に深く感謝したい。」（七六―七七頁）と書いている。

したがって、佐伯さんが著した『富山民俗の位相―民家・料理・獅子舞・民具・年中行事・五箇山・その他』（桂書房、二〇〇二年）に倣っていえば、富山民俗の私的位相は佐伯さんに出会ったことによって形成されたようなものである。私は福井県三方郡美浜町宮代に鎮座する弥美神社の祭礼に奉納される王の舞を長年にわたって調査してきた。その成果は『王の舞の民俗学的研究』（ひつじ書房、一九九七年）として集大成されている。また、中世前期に祭礼芸能として流行した王の舞が福井県の若狭地方のみならず全国各地にも伝播して定着していった過程を扱った論文を発表してきたが、佐伯さんは初対面だった私に対して、氷見獅子に登場する天狗が王の舞に淵源する可能性を指摘してくださったのである。

じっさい、佐伯さんは前掲書に収録された「越中への獅子舞芸能の流入と分布圏形成」という論文においても「若狭の王の舞と氷見獅子」という見出しを立てており、氷見獅子の起源を探求する過程で「もう少し視野を広げてみると、若狭の王の舞が目に入った。」（二五八頁）ことを振り返っている。そして、私の仕事にも触れてくださっているのである。この論文は平成十年（一九九八）十月に論文集の一章として初出したものであり、平成九年（一九九七）十月に口頭で発表された内容を文字化したものだった。佐伯さんはその一年前、弥美神社の祭礼を見ているから、「若狭の王の舞が目に入った。」時期とも対応しており、うまく辻褄が合うはずである。

平成十三年（二〇〇一）四月二十一日、私は佐伯さんに導かれて、氷見獅子の元祖であるともいわれている富山県氷見市十二町の獅子舞を実見することができた。清水・矢崎・島沖崎・板津・津荒（津野荒館）という五つの地区が十二町の日吉神社において、各々の獅子舞を一斉に奉納する様子にも接している。私は以降も二回、佐伯さんに案内してもらって、氷見市内の獅子舞を見てまわっている。平成十六年（二〇〇四）九月二十三日は論田・熊無・新保の事例を実見した。そして、平成十七年（二〇〇五）九月十七日は表泉・上田・鞍川・澤・往易・表大野の事例を実見した。また、氷見市泉のひみ獅子舞ミュージアムにも出かけて、ひみ獅子舞振興会が主催する第三回獅子舞実演会を観覧する機会を得た。この日は表泉青年団が出演した。

王の舞に共通する要素を持ちながらも独自に展開したと思われる躍動的な演技を見て、私はすっかり魅せられてしまった。とりわけ興味を惹かれた点は鼻にまつわる所作であった。各々の演目が終わるさい、板津の天狗は右手で鼻を撫でながら、手前から獅子に向かって右手を伸ばす。足も右へ踏み出す。続けて左手左足・右手右足でこうした所作を反復する。鼻を撫でるようでもあり高々としごくようでもある所作は、板津において「ヤーする」といわれているようだった。また、谷内の天狗は氷見獅子のクライマックスとでもいうべき「獅子殺し」において、天を仰いで頭を振りながら手で鼻をさすりあげるような所作が含まれている。これは鼻を伸ばそうとしているとか、勝ち誇って鼻を高くしているとかいわれているらしい。

こうした所作は氷見獅子において一般的に見られるものであるが、王の舞に見られる剣印、つまり人指し指と中指を揃えて伸ばして、薬指と小指を親指で押さえる所作が変化したものだろう。じっさい、鼻にまつわる所作は「氷見獅子源流考―起源としての王の舞―」でも言及したとおり、数多くの王の舞に含まれている。しかも、右手をあげて人指し指で鼻を指すような所作に関して、高い鼻を誇示しているというような特徴的な言説が少なからず付随しているのである。そうだとしたら、氷見獅子における天狗が高い鼻を誇示することも、王の舞に見られる剣印に淵源しているといえるかもしれない。

ところで、佐伯さんは「越中への獅子舞芸能の流入と分布圏形成」において、富山県の獅子舞を五つのタイプに分類している。氷見獅子もその一つであるが、「これらは余興芸として活発に舞い踊るもので、その成立は早くて十八世紀後半からと考えられる。」と述べている。すなわち、氷見獅子に王の舞の要素が流入しているとしても、氷見獅子じたいが中世にさかのぼるというこ

小川寺の獅子舞に登場する天狗

とは難しいわけである。だが、佐伯さんは「県内には神輿行列などの先導をする行道形式の静かな獅子が数例存在する。」（二五九頁）ことをも指摘しており、こうした行道獅子の好例として富山県魚津市小川寺の白山神社に伝わる獅子舞に出かけてみることを勧めてくださった。この獅子舞は神輿を先導するものであった。佐伯さんは小川寺の獅子舞について、こう書いている。

小川寺集落は一山寺院の真言宗小川山千光寺を中心とした宗教村村落である。行道獅子は氏神白山神社の春祭りの三月十二日に出る。祭式のあと神輿が宮を出て、隣りの千光寺観音堂を七回り半回って還御するが、獅子はこの行列を先導する。二人立ちの獅子に天狗一人と異形の面をつけた二人が先に、お多福面のアネマが後につく。舞も採り物もないが、獅子と獅子あやしの歩き方に特徴がある。すなわち、左手（獅子は左前足）を出すときは左足（左後足）を、右手（獅子は右前足）を出すときは右足（右後足）を同時に出す。歌舞伎で「南蛮」と称する所作である（二六一頁）。

私は平成十八年（二〇〇六）三月十二日、小川寺の獅子舞を実現した。佐伯さんは前掲書に収録された「魚津市小川寺の獅子舞」という文章において、前述した内容よりもくわしく、「子供たちの持つ五色ののぼりのあと、先頭に白衣の天狗、続いて赤い面をつけてピエロの帽子のようなものをかぶったババメンが二人、そして二人立ちの獅子、その後ろに醜女の面をかぶったアネマが続く。天狗は立って、ババメンは腰をかがめて、いずれも右足を出すときは右手を、左足をだすときは左手を上げて左右をにらみながら進む。獅子は地をはうようにして前足と後ろ足を片側ずつ同時に出す。」（三〇〇—三〇一頁）という。

私自身も天狗がまっすぐ立ち、右足を出すさいは右手を高く上げ、左足を出すさいは左手を高くあげて進む様子（写真）に惹きつけられた。こうした所作は氷見獅子に見られる特徴的な所作、つまり鼻を撫でるようでもあり高々としごくようでもある所作、天を仰いで頭を振りながら手で鼻をさすりあげるような所作などを連想させないだろうか。そして、王の舞に見られる剣印とも通底していないだろうか。右手をあげて人差し指で鼻を指すような所作がデフォルメされたものであると考えられないだろうか。佐伯さんは小川寺の獅子頭と獅子舞について、「魚津市小川寺の獅子舞」でこう述べている。

獅子頭は鼻と頭の高さが同じくらいの箱獅子で、歯並びがあらく目が大きい。これは中世の獅子頭の特徴で、県内では文明十三年（一八四二）銘の八尾町布谷のものをはじめ、下村加茂神社、立山町浦田山王社、高岡市二上射水神社その他にある。／獅子舞が中国から百済を経て、日本へ伝来したのは非常に古く、日本書紀によると七世紀はじめ推古天皇二十年（六一二）にまでさかのぼる。伎楽という一種の仮面行列で、楽にあわせてパントマイムを演じるが、その先頭に悪魔払いの獅子が出るのである。獅子の前には治道という鼻の高い男と二人の獅子児がいる。これが小川寺でいえば天狗とババメンに当たる。また、現在富山県内の獅子舞につく天狗や獅子取りもこの系譜を引いている（三〇一—三〇二頁）。

小川寺の獅子舞に登場する天狗が古代にもさかのぼる技楽に登場する治道に直結するかどうかを即断することは難しいが、少なくとも中世前期に祭礼芸能として流行した王の舞の面影を読み取ることはできるかもしれない。もちろん小川寺の獅子舞に登場する天狗は王の舞の基本的な特徴として必ずあげられる鉾を持っていないから、両者を単純に同一視することはできないだろう。だが、佐伯さんは「越中への獅子舞芸能の流入と分布形成」において、「このように越中には中世以来の獅子舞の伝統があり、江戸時代後半に四周から流入し、またこの地に生まれて華やかに展開したとりどりの余興舞も、こうした基盤のうえに花開いたといえよう。」（二六二頁）と書いていた。

氷見獅子を成立させるべく動員された多種多様な要素の一つとして、若狭地方に数多く伝承されている王の舞のみならず小川寺の獅子舞をも想定することによって、氷見獅子がいわば複数の起源によって構成されていった過程の集大成として現前している消息が浮かび上がるはずである。それにしても、と思う。佐伯さんは王の舞について研究してきた私の道をいつも切り開いてくださる。佐伯さん自身が丹念な調査を継続することによって――文字どおり行道ともいえるだろうか――、王の舞を研究してきた私の前途を照らす存在であるようにも感じられるのである。

佐伯安一先生の米寿を祝して

般林雅子

佐伯先生、米寿をお迎えになられ、おめでとうございます。

思い返せば私が先生と初めてお会いしたのは、砺波郷土資料館の館長に就任された昭和六十年頃だったと思います。それから今に至るまで、あらゆる面でお教えをいただき、お手数をおかけしました。御礼を申し上げるとともに心から感謝申し上げます。

今、先生にお教えいただいたこと、お手を煩わせてしまったことなどを振り返りつつ、ほんの一部ではありますが、ここに記して感謝の気持ちと致したいと思います。

・『薬勝寺史』について

私はたまたま臨済宗の薬勝寺という寺に嫁ぎました。臨済宗は県内寺院の中でも数が少なくまれな存在です。

当寺は南北朝時代に創建され、砺波市内の寺院の中では歴史的に古いほうですが、前住職は戦死し、頼りとする檀家さんの数も少なく、昭和二十年代の農地解放で寺の基本財産を失い荒廃しておりました。しかし、多くの方々の温かいご協力によってなんとか現在まで存続しております。

縁あって砺波郷土資料館に勤務させて頂き、先生に寺に残っていた些少の文書と、歴代住職などの職状に目を通し整理をしていただくことが出来ました。

これによって、当寺で三十三年に一度行われる「千手千眼観世音菩薩」の御開帳の際の記念事業として「薬勝寺史」を発刊することが出来ました。

題字：「薬勝寺」高泉筆扁額より

表紙：「越中能登遠近山々見取図等」のうち富山県立図書館蔵

書いていただく方は先生より他にないという思いから、当地方でいう「むやんかすに、やんから（無理やりに）」執筆をお願いしたところ、快く引き受けてくださいました。この頃の先生はご自身の研究のほかにも県内はもちろんのこと、全国で広く活躍されておられ、御多忙の極みであったころだと推察いたします。今にして思えば大変申し訳のないことでしたが、先生に書いていただいた事は、本当に有難く良かったと感謝しております。

薬勝寺史の「あとがき」には、先生のわかりやすく無駄のない文章、お人柄が偲ばれる文章をいただきました。改めてここに感謝とともに引用させていただきます。

「薬勝寺は謎に満ちた寺である。開創された南北朝時代がすでに謎の時代である。そして淳良親王伝説という謎の伝説に包まれている。宝篋印塔をはじめ、中世以降の不思議な石造物も多い。文章史料もかなりある。

乞われて寺誌をまとめることになったが、わたしは中世史家でもなく、また、宗教史にも疎い。ただ、従来の諸説を解きほぐし、一応の整理をしたに過ぎない。これをまとめるにあたっては「砺波市史」の河合久則氏の執筆部分には終始お世話になった。謝意を表する次第である。この小冊が薬勝寺の寺史、ひいては般若野荘の歴史を考える場合の一石になれば幸いである。

　末筆ながら、由緒ある当寺の法灯が、ゆるぎなく続いて行くことを祈るものである。この仕事にかかわらせていただいたことを仏縁として喜びたい。」

・民具収集事業について

　砺波郷土資料館の仕事においても、たいへん多くのことをご教授いただきました。民具の収集と整理の補助が私の主な仕事になりましたが、民具とはどんなものなのか、まるっきり知らない私は、先生に教えていただいたとおりに作業をしていく中で、民具に対する歴史的価値観や収集の際の聞き取り、整理や保存の大切さを学ばせて頂きました。

　砺波郷土資料館の民具収集は、一種類のものでも数多く集めるという方針です。砺波地方は稲作単作地帯です。それに関する品はもちろんのこと、特に農具は数多く収集されてきました。この方針は、先生が太田小学校のＰＴＡの役員をされておられた昭和四十二年の早い時期からのもので、当時は高度経済成長の中で農業が機械化され始め、それまで使われていた手作りの農具がどんどん捨てられていった時期でした。先生は収集を続けられながら、置き場所を何度も変えながら保存に努めてこられました。この頃は民具に対する理解が乏しく、一般の人々にはそれらがゴミとしてしか理解できなかった時期でした。そんな時期から活動されてこられた先生のご苦労を思うとき、その先見の明にただただ感服するばかりです。

　この収集方針はそのまま砺波郷土資料館に受け継がれています。あれから約半世紀、砺波郷土資料館の民具は一万二千点余りにもなりました。現在では再び収集することが不可能な民具資料として、全国的に知られるようになり高く評価されています。

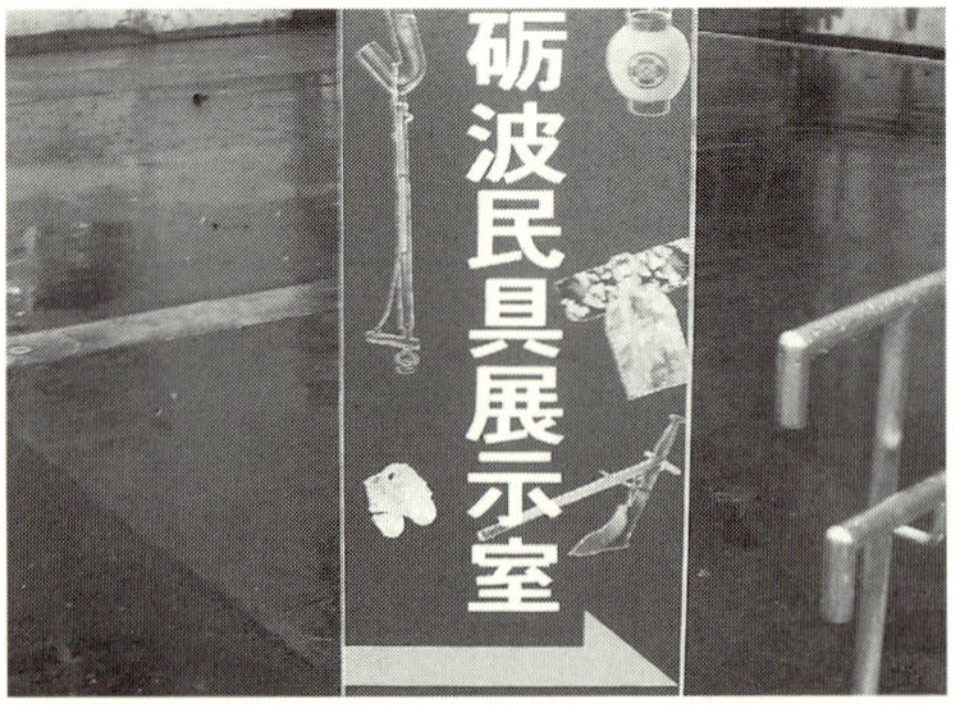

庄東小学校３階の「民具展示室」

砺波散居村ミュージアム敷地内の「民具館」

これは早い時期からの収集であること、一種類のものを数多く収集してあること、全部整理済みであること、稲作単作地帯という砺波地方の特徴の収集であること、全部整理済みであることなどによるものです。先生の先見の明の確かさの証明ということが出来るでしょう。

収集された民具は砺波市の大きな財産の一つとなりました。民具に対する人々の考え方も少しずつ変わりつつあります。平成二十一年には民具館が砺波散居村ミュージアム敷地内に建設され、平成二十七年には庄東小学校の三階全部分に収蔵庫を兼ねた展示室が整備されました。

民具館は高速道路のインターチェンジと近いという立地条件もあり、県内外からの観光客や、小学校児童の授業の一環としての見学、福祉施設からは回想法としての見学などの人々が数多く訪れています。また、民具を寄贈された人々の心のよりどころとしての価値も大きく、見学された人の中には懐かしんで涙ぐんでおられる方もありました。

庄東小学校の三階の展示室には、研究者など民具をより深く知りたいという方々に利用されています。

・民具収集の手順

先生に教えていただいた民具の整理の仕方の一部を紹介します。

1、寄贈者のお宅に出向き、必要事項の聞き取りや所蔵品の重なりなどがないかを見きわめ、寄贈してもらえるものを決める。

2、運搬する。

3、洗浄（墨書などがないか、プレートや貼紙、など、一品ごとの特徴を確認する。このとき洗い流さないように、破損しないように注意する。）

4、寄贈品の確認と点数の確認

5、充分に乾燥させる

6、寄贈者へ礼状を発送する

7、別紙に寄贈者ごとにいただいた日付、住所、電話番号、寄贈者名、寄贈の概要、品物の名称（寄贈者の呼び名）、寄贈点数などを記入し「寄贈者受け入れ名簿」に綴じる

8、一品ごとにカードに記入、カードの表には7と同じ事項と使用年代、使用者、製造者、製造年月日（わからない場合は空欄にする）、何に使う道具か、製品の材料などできるだけ多くの情報を記入。そのほか、当館の登録番号、分類、ネガ番号を記入。カードの裏の上段には全体の写真、特徴のある部分・墨書・プレート・焼印・ラベル・貼紙などがあれば写真にとり貼り付ける。下段には斜め四十五度上部からの全体の形や部分の特徴を写生し、寸法を記入。重さを量る。カードは分類別に保管する。

9、登録番号を受け入れ順に付ける。

10、ネガ台帳にネガとベタを貼り保存する。

11、品物に下げる木札に必要事項を墨で記入する。

12、品物に登録番号を書き、木札をつける。部品がある場合にはその部品にも枝番号札を記入し、同じように木札を付ける。

13、一連の作業を終えたら分類別保管場所に置く。

カードの作成は保存のために必要不可欠のものですが、必要事項の記入が不明の場合もあり、記入できない部分も多くありました。出来るだけ多くの情報を記入することに努めましたが、空欄の部分も沢山あります。

ほかにも衣類などの番号は布で縫いつけ、年に一度は虫干しをしました。これがまた大変な作業であり、一人で行うと九月から十一月末頃までかかったこともありましたが、多くのボランティアの方々にお世話になりました。

これらの事業に携わらせいただいたことに感謝しています。ただ私は力不足であり、かえって邪魔をしていただけだったのではないかと思い申し訳なく思っています。

最後に、先生にはこれからもご健康に留意いただき、ますますのご健勝とご活躍をご祈念いたしまして、結びとさせていただきます。

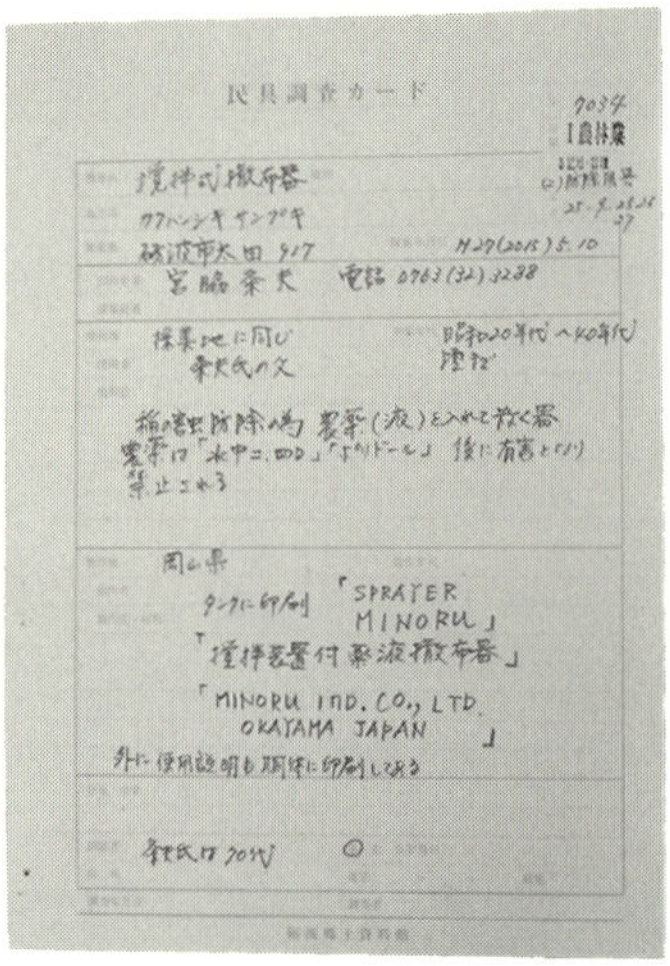

民具カード（表）

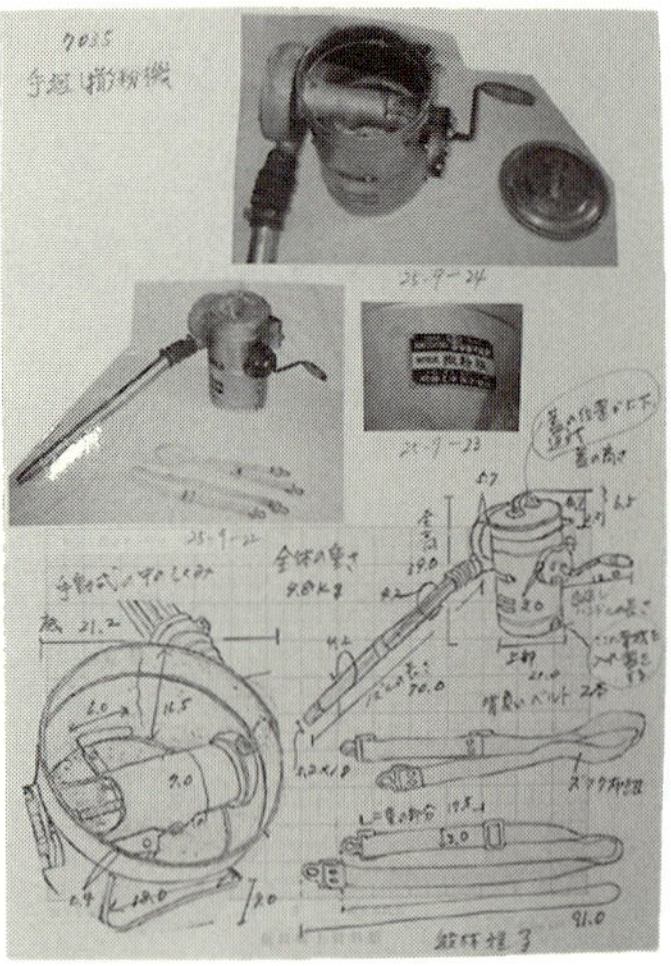

民具カード（裏）

富山民俗の会と佐伯安一先生との出会い

平井一雄

1、杉下清一さんとの出会い

昭和四十年頃、小学校時代からの同級生Ｎ君が農業青年になり、農業青年が集まる４Ｈクラブに加入していた。４Ｈクラブが青年大学を始められ、その指導にその頃、行政の社会教育主事をしておられた杉下清一さんがあたられた。

青年大学では廃棄の運命にあった農具・民具の収集を始められることになり、そのことを熱心にＮ君が私に語ってくれた。

私は有形の民具や農具よりも無形の民話や伝説・伝承を集めてみたいと思い柳田国男の本を文庫本で買い集めた。

図書館に通っているうちに本を収めている中田書店の店員と親しくなり刊行され始めた「定本柳田国男全集」を月ぎめで購入することにした。全三十五巻を今でも大切に持っている。

昭和四十三年七月に大久保の上大久保から今住んでいる笹津六区に分譲住宅を購入して移住した。杉下清一さんはもっと前に生家の下夕地区芦生から笹津三区（四十四年から笹津六区となる）に移住されていた。

私の家と杉下さんの家は一〇〇メートルくらい離れた近いところなので、急速に親しくなり笹津六区の役員や区長にもなってもらったりと色々お世話にった。

杉下清一さんは『大沢野町誌』編纂時、民俗編執筆者の伊藤曙覧さんに協力して出身地の下夕地区の民俗を整理されていた。

私が民間伝承を調べたいと『大沢野町誌』の民俗編下夕地区をノートに抜書をしているのを知った杉下さんが下夕地区の石仏、石碑の悉皆調査を提案されて、日差しの強い八月に自転車を押しながら牛ケ増から東猪谷の集落・街道を休日を利用して動き回った。杉下さんはＰＥＮ型のカメラで写し、像容・銘文を私が記録した。

この記録を『みちみちの神はん　大沢野民俗の会編』として製本した。紀年銘のある石造物を時代別に整理して付録につけた。これは平成十七年発行の『大沢野町史』石仏・石塔の章「大沢野町年次銘石造物一覧」として執筆者佐伯安一さんにより修正追加して採用された。

2、山王公民館時代の「富山民俗の会」

民俗に関心を持ちはじめた頃に北日本新聞の片隅に載ったちいさな記事が目に入った。

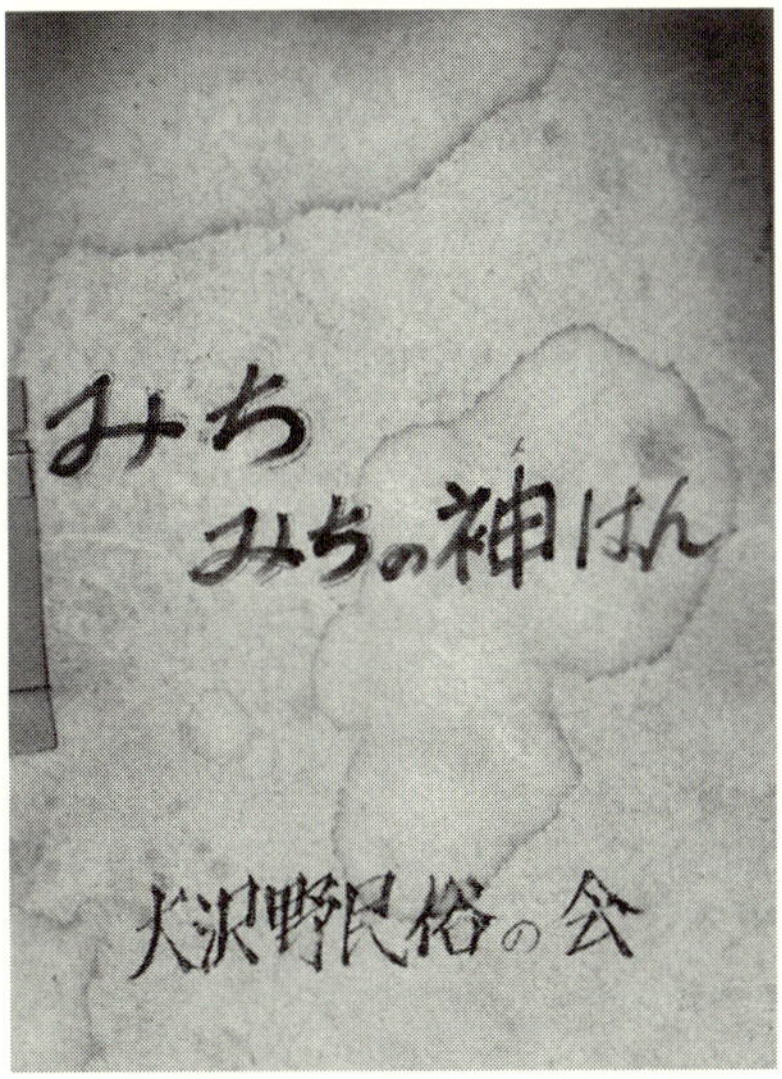

「富山民俗の会」例会の記事だった。

記事の日時と内容とは忘れたが日枝神社境内にあった山王公民館に初めて入って例会に参加した。次の例会案内昭和四十二年十一月十二日付けのはがきが手元にある。

「十月二十八日午後一時半　富山市山王公民館
「獅子舞の歴史と現状　石崎直義」

この例会は台風のため十一月十八日に延期された。

富山民俗の会長　大島文雄氏の名前で出されている。

その後の例会、昭和四十三、四十四、四十五、四十七年に断続的に来る案内はがきを見て杉下清一、関口克己さんを誘い正式会員となった。

その後に参加した例会の日時と内容を記録している。主なものを記して見る。

昭和四十二年十二月九日「富山県の石仏の系譜」　長島勝正
昭和四十三年二月十七日「楡原法華について」　石原与作
昭和四十五年十一月二十一日「富山ことば（一）」　五艘辰男
昭和四十五年十月三十日「小矢部川上流廃村中河内」石崎直義
昭和四十六年七月三十一日「御姥信仰について」　広瀬　誠
昭和四十七年四月十五日「富山県の昔話」　伊藤曙覧
昭和四十七年七月二十二日「江戸時代〝盲人〟福光座文書」　石崎直義
昭和四十七年八月二十六日「飛騨路の石仏」　平井一雄
昭和四十七年九月十一日「北前船の民俗」　海老江久良

3、富山民俗の会再発足

「とやま民俗№1」昭和四十九・七より引用する。

「富山民俗の会再発足に当って」

大田栄太郎

方言や民俗を語り合う会として、「方言民俗談話会」が誕生したのは昭和三十年で、翌年山王公民館で初会合を開き、大島、和田、野沢、伊藤、坂井、石崎、五艘、大田らが集まり、会長に富大の大島文雄教授を選び、佐伯氏の話を聞いた。その後多少変遷もあったが、大体年に八回程開いていた。その後、会員に『富山県史・民俗編』に関係する人もでき、忙しくなるや昭和47年頃から途絶えがちとなり、加えるに世話係の五艘氏にも都合ができて、ついに開店休業となった。

ここに『富山県史・民俗編』も出たのを機に、再建を図ろうという気運が若い人の間に高まり、発足したのが本会で、目的は会員相互の連絡をはかり、他の関係団体とも連携し、研究熱を高め、亡び行く郷土の民俗文化を追跡し、あすへの生活の指針にも寄与しようというのが狙いである。同好各位の参加とご協力をお願いする次第である。

この会で会長　大田栄太郎が選出された。佐伯安一先生が進行を務められた。

4、佐伯安一先生との出会い

昭和四十七年八月に発表した「飛騨路の石仏」をまとめた私製本を富山県立図書館に献本した。一九七二（昭和四十七年）十月に蔵書登録されている。

「ひだじの石仏」と「飛騨路の石仏」が登録されている。この頃に私の石仏研究の師、京田良志先生に「ひだじの石仏」を送ったところ昭和五十一年発刊の京田良志著『富山の石造美術』参考文献に取り上げてくださった。

この参考文献目録を見て砺波の石仏研究家尾田武雄さんが私に

資料希望のハガキを送ってきた。同好の士なら直接逢ってみたいと砺波に向かった。尾田さんの住所がわからなくて砺波郷土資料館へ向かい、そのころ館長をしておられた佐伯先生にお会いして直接お尋ねした。佐伯先生と尾田武雄さんはすでに親しく「富山民俗の会」会員でもあったので来る途中通り過ぎてきた尾田精肉店を教えて下さった。以来、佐伯先生も尾田武雄さんも「北陸石仏の会」会員である。

　佐伯先生には「北陸石仏の会々報第3号」に第三回例会「福井県小浜市の石仏」で訪問した時の「三界萬霊の風土」がある。

3（平成5年8月）

北陸石仏の会々報

第3号
平成5年8月26日発行

編集発行　北陸石仏の会（日本石仏協会北陸支部）
代表　藤村善雄

三界萬霊の風土

佐伯安一

　明通寺の駐車場でバスから降りたとき、道ばたの崖下に異様な風景を見た。

　折り重なるように積まれた石造物の山、かわいい一石五輪塔（地輪が長い）、オベリスク状の光背に[illegible]と彫まれた定印を組む中世の如来像（その基部は尖っている）。一石双体のものもある。それらが落葉のふとんに埋もれて、不思議に落着いた雰囲気をかもし出している。私たちなら一基あっても狂喜するようなのが無造作に積まれているのである。悉皆調査をしてみたいような衝動に駆られるが、これを崩すとこの不思議な世界はこわれてしまうであろう。

　富山県、ことに砺波地方では一体一体管理者がはっきりしていて、お堂に入れたり、冬はこもをかぶせたりしている。そんな「ものさし」から見ると、この風景は実に異様に映るのである。地元ではどのように認識されているのであろうか。聞いてみたかったが周りには人影もない。だいたい香華を手向けたあともない。これらの石仏は造立当時はどんな風景だったのであろうか、と思いめぐらしてみたりする。

　帰りに若狭国分寺跡の脇でも、びっしりと積まれた墓標と石仏の山を見た。今は「倶会一処」形式になったが、昔は一人ごとに墓標を建てたといい、その形はあちこちの墓所でも見た。

　当日の案内者北村さんの説明によると、若狭は寺院の密度が濃いという。確かにお寺は多い。しかし、お寺ばかりでなく、無縁仏の密度も濃い。三界萬霊の充満している風土をそこに見た。

（砺波郷土資料館長）

－1－

　これは明通寺の道ばたにある如来型石仏、一石五輪塔の集積場、寺院跡の無縁仏集積などを見て砺波のお堂石仏とは違う三界萬霊のただよう風景に注目されたものであった。

5、『大沢野町史』編纂時のこと

　その後、神通川流域の金蔵獅子舞の研究で杉下さん、関口さんとともに佐伯先生のご指導を仰ぎ、『大沢野町史』三章「金蔵獅子舞」の分布・獅子頭・獅子舞の具体例・衣装・道具の悉皆調査に結実した。

　また行事では「雨乞岩屋の雨乞祈願」「お鍬さま」に同行していただいたり、石仏石塔の現地調査に同行していただいた。

　佐伯先生の推薦で『大沢野町史』編纂の調査員にしていただき執筆者、編纂委員の皆さまからご指導をいただいたことはありがたい思い出になっています。　完

私にとっての佐伯先生

福江　充

富山県には、私が知る限りでも高瀬重雄先生や廣瀬誠先生、高瀬保先生など、過去にも現在にも素晴らしい研究者は数多くおられますが、そのなかで、私が理想とする研究スタイルを唯一実践しておられるのは、佐伯安一先生です。ただし、それはあくまでも理想であって、今では、民俗調査が苦手な私には、とても真似ができないと諦めています。だから理想というよりは、きっと憧れに近いものです。

佐伯先生の研究スタイルは、民俗学ベースの歴史学援用法です。すなわち民俗調査で得た情報や知識と古文書史料から得た情報や知識とを併用し、互いのデータだけではわからないところを補完し合いながら分析・考察していくといったものです。さらに、先生の長年のご研究による情報・知識の蓄積量は膨大ですから、分析からはきわめて精緻な結論が導き出されます。

佐伯先生ご自身も、「民俗学にとっての古文書」と題して、自らのご経験から古文書利用ついて次のように述べられています（「古文書学と民俗学」『北陸の民俗31』（福井民俗の会・加能民俗の会・富山民俗の会編集発行、二〇一四年三月）。「①古文書の中にもわずかではあるが民俗事象の記述がある。それを民俗資料として活用する。②民俗調査は聞取り・観察・体験を主とし、古文書はプラスアルファとして利用する。③民俗の聞取りの上限は江戸時代末期であるから、その時代の実態を古文書である程度確かめることができる。逆に古文書の記述を深く理解するためには、民俗調査で得た知識が役に立つ。④古文書は民俗事象に時間軸を与える。民俗学は生活文化の変遷や意味を解明するものであるから、その時間軸は歴史的証明や変遷の解明にとって有用である。地域的理解にも参考になる。」このご指摘は私にはもちろん、後進の研究者にもたいへん有益だと思います。

私は、三十代半ばの頃に、拙著『立山信仰と立山曼荼羅—芦峅寺衆徒の勧進活動—』（岩田書院、一九九八年）の書評（『宗教民俗研究9』日本宗教民俗学会、一九九九年）を佐伯先生から頂戴しました。当時、「立山信仰」の研究領域では、芦峅寺の布橋灌頂会などの年中行事や媼尊信仰、立山曼荼羅といった諸課題は、主に民俗学や国文学の分野で扱われていました。それに対し私は、従来の民俗学的成果を参考にしながらも、近世の古文書史料を分析して得られる情報・知識を基盤として考察をしてきていました。前掲の佐伯先生の経験談からも窺えますが、当時自分の研究手法は佐伯先生のそれとなんとなく似ているように思えていましたし、また書評においても、先生には懇切丁寧に拙著を読解、かつ過分な評価・ご指摘をいただきましたので、大いに恐縮・感激したものです。先生の書評が私にとって大きな励みになったことは言うまでもありません。

ところで、江戸時代後期の浮世絵師・葛飾北斎（一七六〇～一八四九）は、『富嶽三十六景』や『北斎漫画』などの代表作で知られる世界的にも著名な芸術家ですが、森羅万象を描き、生涯に三万点を超える作品を発表しました。私は、これまで多くの研究成果を発表されてきた佐伯先生が、まるで民俗学の世界の北斎のように思えます（北斎が奇人の部分は全く異なりますが）。北斎は当時としては奇跡とも言うべき卒寿（九十歳）まで生存し、生涯、画家としての高みを目指し続けました。北斎は七十四歳で『富嶽百景』を完成させ、そのあとがきに次のように寄せています。「五十歳の頃から様々な絵を発表したが、七十歳前のものは実に取るに足らないものだった。七十三歳になった頃、鳥獣虫魚の骨格や草木の生まれ出る様子をいくらかは悟ることができた。だから八十歳になればより向上して、九十歳で絵の奥義を手に入れることができ、一〇〇歳で神様の技を越え、一一〇歳には描くすべてが命を持っているだろう。～後略～」。佐伯先生も、おそらく北斎さながら、いつまでも研究への情熱・課題が尽きず、年々益々ご研究が進展され、私たちにその内容をご指導・ご教示いただけますよう、切に願っております。

沢川の馬仲間について

藤本　武

農耕馬による犂耕は、全国的には明治中期以降普及したが、富山県では近世以来、広く行われてきた。農民の耕作規模が小さくなっても、借馬慣行により対処してきたことが大きいとされる（佐伯　二〇〇二）。手間馬、田馬などとよばれた借馬慣行はこの地で近世以来行われ、衰退した時期もあったが、犂耕の全国的普及とともに再び活発化し、大正末期から昭和初期に最盛期に達した（光岡　一九七九）。昭和一〇年の貸借された農耕馬の頭数は富山県が全国の約三三％、賃貸借料額では約五〇％を占めるほどだった（農林省馬政局　一九三七）。しかし、昭和三〇年代、耕運機の普及による犂耕の終焉とともにこの慣行も消滅した。

野本（二〇一五）によると、家畜の貸借慣行には大きく二つのタイプがあった。ひとつは田植え準備のため山地の馬を平地に貸し出すツクリウマとよばれたもので、もうひとつは平地の稲作地帯の馬を田植え作業が終わったのち秋口まで山地に預けるウマヤシナイとよばれたものである。

富山県にはそのいずれもあったが、こうした季節的移動を伴う借馬慣行にはじつはもうひとつ特徴があった。それは農耕馬の使役を農民は馬仲間と称する小集団で共同で行うのが一般的だったことである。借馬を四、五戸で日割りで回り持ちし、当番（馬番）が馬を使役するとともにその世話もした。富山県経済部（一九三八）によると、富山県の農耕馬の九五％以上が共同で使役されたもので、高岡市や氷見郡、射水郡など呉西では五戸以上の共同で使役したものが半分前後にのぼった。ほとんどが借馬であり、農家の経営規模が零細なため、構成員の多い馬仲間が組織されていたとされる（光岡　一九七九）。また、馬仲間は結（イイ）の組織と結びついていることもよくみられた（岩田　一九五六）。

富山県で借馬慣行がさかんだったのは、この馬仲間が関係したことは間違いない。富山県では昭和三〇年頃から全国より速いペースで耕運機が普及したが、その際には耕運機仲間と呼ばれる小集団での共有が当初一般的だった（光岡　一九七九）。これも、それまで馬仲間があったことが関係していただろう。

ただし、富山県には、こうした馬仲間とかなり異なるものもじつは存在した。借馬慣行を伴わず、したがって馬の季節的移動もない馬仲間である。以下紹介する沢川の事例はそうしたものである。

沢川（そうごう）は富山県北西部、高岡市福岡町の、石川県との県境に位置する標高三〇〇メートル台の山村である。富山県側だけでなく、石川県側にもわずかに集落が分布し、両者を区別する際は前者を越中沢川、後者を能登沢川という。成立は定かでないが、俊寛伝説が知られ、治承元（一一七七）年に七家族が移住したのが始まりとされる。主要な生業は稲作で、水田面積は五〇ヘクタールに達した（福岡町史編纂委員会　一九六九）。昭和三〇年前後の最盛期には一〇〇戸が暮らしたとされるが、昭和四〇年の（越中）沢川は七八世帯、三四二人、昭和六〇年には五五世帯、一三〇人で、現在は三〇世帯、五〇人を下回る（福岡町史編纂委員会　二〇〇四、中島　二〇一五）。五位山地区にあるが、他村から隔たっているためか、言葉や習俗に違いがある。以下の記述は沢川出身の澤田宏さん（昭和一三年生まれ、高岡市福岡町在住）からお聞きしたことにおもによる。

耕運機普及前の沢川では馬は必須だったが、その馬はよそから借りてくるものでなく、一年じゅう村にいるものだった。その馬は各家で飼っていたのでなく、二軒で一頭飼うものだった。つまり共同保有だった。この二軒は馬仲間（ウマエッケ）と呼ばれ、個人的な仲など関係なく、親から引き継ぐものだった。最初どのように始まったか不明だが、親戚同士のものある一方で、そうでないものもあり、また近所同士のものもある一方で、そうでないものもあった。仲が悪くなったからといって相手を変更できるわけでなく、生涯変わらないのが原則だった。変更があるとすれば、分家したり、家が絶えた時に関係者で調整されるくらいだった。もしそこで決められないと、オヤッサマといわれた有力者によって決定された。馬仲間で馬の管理をめぐってもめることもあったが、馬を大切にしないと自分に跳ね返ったので双方とも馬を大切に扱った。

それでも村に五〇も馬がいると、毎年二、三は病気や老衰で死んだ。すると馬喰に知らせて新しい馬を連れてきてもらって買った。牡馬のことも牝馬のこともあったが、いずれもすぐ使える成馬で、仔馬はいなかった。馬の歯を見て年齢を推定し、馬喰と値段を交渉した。若い牡馬の値段が高かったが、すべての馬仲間がそれを欲しがったわけでもなかった。蹄鉄屋が一軒あり、時々蹄鉄を打ち直してもらった。

馬仲間は、毎年四月一〇日ごろ、馬を預かる人（馬守）を暦に割り振った（馬番）。これは馬を農耕に使う時期だけでなく、使わない六月以降もした。ただし、農業に使う時期は三、四日ずつで頻繁に馬番を交代したが、六月以降は五日ないし一週間で交代した。農業に使う時期の馬番は「馬割り」といい、そこでは馬の休養日も設定された。

馬を使うのは、四月半ばの荒起こしからだった。馬に犂を引かせ、女性が後から鍬でならしていった。田にもよるが、一度ですむ田もあれば、二回、三回行わなければならない田もあり、一回目のものは一番田、二回目、三回目のものは二番田、三番田といった。二番田、三番田はだいたい五月になってからした。この二番田、三番田では前回と交差する向きで行った。五月半ばごろ代掻きを行い、五月下旬には女性たちが結（イイ）によって田植えを行った。これらの時期には馬番でない日も畔塗りや馬肥を田に入れるなどさまざまな作業があった。

六月からは馬を使うことは少なく、炭焼き小屋から十日に一度ほど炭を運びだすのに使うくらいだった。山奥で傾斜のきつい沢川に馬車はなかった。

農作業に使う時期もそれ以外の時期も馬仲間で必ずしも同じ日数馬番をしたわけではなく、また馬番通りにならないことも多々あった。それらの場合、八月のお盆の前や十月の報恩講（ホンコサマ）の前に清算した。馬仲間同士でも田の広い家は他方より馬を多く使わせてもらうかわりに埋め合わせたのだった。

また、五月から九月いっぱいまで、馬番の家では毎朝早く女性が田の畔で草を刈りとり（朝草刈り）、男性が馬を連れて行き、草を縛って馬に積んで帰り、厩で食べさせた。その後の半年は豆のさやと藁を細かく切って囲炉裏（エレ）で煮たものを与えた。ウマノモンと言われたが、各家にはこのウマノモンを煮る専用の大鍋があった。このウマノモンには米糠（コンカ）がよく加えられた。

馬肥は夏場は厩から四、五日ごとに出し、わらで覆って軒先においておき、たまったら馬に積んで田畑にいれた。この作業は「馬肥出し」といったが、冬のあいだ厩にたまった馬肥を春になって田に入れるのはとくに重要だった。

沢川は豪雪地として知られ、一二月半ばから三月末まで雪に閉ざされ、馬を移動させることもままならなかった。そのため、この時期の馬番は「冬番」といい、二か月近く片方の家で預かった。そして二月十日前後の晴れた日に「馬送り」といわれる馬の移動が行われた。馬送りの日は馬仲間で相談して決められ、前日に両家の道を一メートルほどの幅で踏み固める「道踏み」が行われた。馬を預かっていた家が「馬わらじ」とよばれる巨大なわらじを用意して、馬にはかせ、また使い古しのむしろを四、五枚用意して馬の歩くところにかわるがわる敷いて馬が雪に潜らないよう注意した。寒い晴れた日に行われたのも、馬が雪に潜ってけがをしないようにするためだった。暴れ馬の場合、馬が暴れないよう顎をおさえて引いた。馬仲間の家から数名ずつ出して行われ、一時間足らずで終了したが、他の馬と道ですれちがうと道幅が狭いため難儀した。真冬の重要な作業だった。この冬番の順は毎年交代したが、春先の時期に馬が弱ってしまうことがあり、そうした馬は解体処分され、肉は在所で分けあって煮て食べた。

このように沢川では年間を通じて一頭の馬が二軒の家で飼われていた。馬をよそから借りることもよそへ貸すこともなく、不足時に馬喰から買い上げることがあるだけだった。また、女性の田植えの結（イイ）は任意のつながりによるもので、馬仲間と結びついてはいなかった。つまり、沢川の馬仲間は富山県で一般的な借馬慣行と関連してみられた馬仲間とさまざまな点で異なるものだった。これがどのようなものだったか全貌は明らかでないが、断片的にせよ、このような馬仲間がかつてあったことを記しておくことも無駄ではあるまい。

なお、昭和三〇年代半ばに沢川にも耕運機が入ってくると、数年のうちに馬は処分され、馬仲間も解散したが、ここで耕運機仲間が結成されることはなかった。

参考文献

岩田慶治（一九五六）「礪波地方における双分組織の問題」『人文地理』八：三四三〜四〇一。
佐伯安一（二〇〇二）『富山民俗の位相―民家・料理・獅子舞・民具・年中行事・五箇山・その他―』桂書房
富山県経済部（一九三八）『牛馬異動に関する調査』
中島佳祐（二〇一五）「中山間地の農業―沢川の昔と今の稲作―」『受け継がれる伝統と現在―高岡・福岡に生きる人々―』富山大学文化人類学研究室、一四六〜一六四頁。
農林省馬政局（一九三七）『手間馬の慣行に関する調査―富山県に於ける耕作馬賃貸借状況―』
野本寛一（二〇一五）『牛馬民俗誌』岩田書院
福岡町史編纂委員会（一九六九）『福岡町史』福岡町
福岡町史編纂委員会（二〇〇四）『福岡町史続編』福岡町
光岡浩二（一九七九）「借馬慣行の展開と馬仲間」『農業地理学の方法と実態分析』未来社、八六〜一一〇頁。

加茂神社の神送祭・神迎祭

松山充宏

はじめに

旧暦一〇月は神無月といい、出雲大社（島根県）へ諸国の神祇が集まり、縁組をはじめとする諸々の寄合を行うという言い伝えがよく知られている。そのため全国各地で神々の出雲へ向けた出立の無事と出雲からの帰着を祝う神事、一方神在月と称する出雲では諸国の神々の到着と歓待、出立の神事が行われている。また神無月に伴う神送りと神迎えの神事は、神社に限らず個人宅でも行われていた。

今回写真で紹介する神事は、加茂神社（射水市加茂中部）での神送・神迎に伴う神事の調査記録である。

一　加茂神社の神送祭

（一）日時

毎年九月三〇日の夕方

（二）参列者

神事を行う宮司一名（狩衣・立烏帽子）・禰宜一名（狩衣・立烏帽子）と加茂神社氏子総代三名（略礼服）ら。

（三）神饌

拝殿の上段中央に、案一脚を立て、三方を置く。本殿から見て中央の三方には、生きたフナ二尾を放った水入りの器を供える（写真1）。左の三方に赤飯五折、右の三方に神酒一瓶と米を供える（写真2）。

写真1　神送祭の神饌（フナ）

写真2　神送祭の神饌全体

写真3　社殿神事（修祓）

写真4　社殿神事（祝詞奏上）

写真５　放流神事（移動）

写真６　放流神事（放流）

（四）神事

①　社殿神事

平成二十七年度は午後四時から拝殿で始まった。本殿は閉扉状態である。

宮司による開式のあいさつに続き、禰宜が浅略太鼓を打つ。続いて禰宜が拝座に進み、祓詞を奏上したのち、桃の木で製した祓串を採って神前、宮司、参列者の順で修祓する（写真３）。祓串を撤した禰宜は献饌の所作を行って座に復する。宮司が拝座に進み、祝詞を奏上する（写真４）。続いて禰宜が玉串を採って宮司に渡し、宮司が奉奠して禰宜とともに拝礼、続いて禰宜は氏子総代三名へ順に玉串を渡し、総代も拝座へ進んで拝礼する。

禰宜は玉串の案を撤したあと、撤饌の所作を行い、浅略太鼓を打つ。ここで宮司が閉式のあいさつを行う。

②　放流神事

神事終了後、宮司とフナを入れた水鉢を三方ごと捧持した禰宜は拝殿を降り、境内地のそばにある池へ向かう（写真５）。池の水辺で宮司が器の水を投じる形で放流を行う（写真６）。放流の際、祓や唱詞はない。氏子総代三名らも同行して拝観する。こののち宮司以下神社へ戻り、直会となる。

二　加茂神社の神迎祭

（一）日時

毎年一〇月三〇日の夕方

（二）参列者

（三）神饌

（四）神事

祝詞を除き、いずれも神送祭とほぼ同じ内容であるため省略する。

三　放生の所作

加茂神社の神送祭・神迎祭及び神々の不在中に領内安全を祈る一〇月一五日の御留守祭は、右記録にも登場する古い神事である。昭和四〇年代以前は加茂神社で斎行するとともに、社家でも行っていた。周辺の治水工事の影響を受け、昭和四〇年代より後は社家が内祭として行ってきた。

しかし平成一八年（二〇〇六）に射水市新湊博物館で加茂神社の諸神事や射水の賀茂信仰を取り上げる「水と雷の神さま」展の開催を契機として、再興の機運が氏子総代の間で高まり、社家の尽力のもと、同年秋から神送祭と神迎祭を拝殿で斎行し、放流を行う旧儀に復したのである。

加茂神社の神送祭・神迎祭の特徴は、小さな川魚を生きたまま供え、放流する点にある。そして、この習わしは加茂神社の氏子区域である射水市加茂地区の個人宅でも行われていたという。

『下村史』によれば、神送祭のときに個人宅では赤飯・豆腐・ツルマメ・焼きカマスと生きた小鮒を神棚へ供えたといい、神迎祭のときは神酒・赤飯を供えた。

加茂神社の野上克裕宮司によれば、昭和三〇年代ごろまで加茂地区の子どもたちは神送祭・神迎祭の前日に魚を捕まえるため周辺の用水路に入っていたという。つかまえる魚の種類はコイやフナといった川に住む魚で、その年生まれた小型のものという故実があり、現在の加茂神社の神送祭・神迎祭でも野上宮司が近隣の用水で採集し生育した小型のフナを供えている。

また放流地は加茂神社の場合は境内のそばを流れていた鍛冶川に放流していたといい、現在は廃川地に近い池へ放すこととしている。

生きたままの魚や鳥を神前・仏前に供えたのち放流する所作は、仏教起源の積善行為である放生そのものである。加茂神社の近隣をみると、放生津八幡宮（射水市八幡町）で地名の由来となった放生会を秋の大祭に行っている。また日澄寺（射水市戸破）は秋の彼岸の法要後に近隣の下条川へ鯉などを放つ。加茂神社の場合、別当寺である福王寺（射水市加茂中部）の影響下で行われていた可能性もあるが、放生会を主要神事に位置づける八幡信仰と違い、加茂神社では放生が単独神事として位置づけられた形跡がない。それは加茂神社の神仏混交の祭事として独立して行われていた八講会（文化年間以来中断）と比べても大きな相違点であり、八幡信仰と賀茂信仰における放生思想受容姿勢の違いと整理することもできるのではなかろうか。

なお、再興後の加茂神社の神送祭について、神送祭で放たれた魚は神々の乗り物となり出雲へ向かうとする言説が近年見られるものの、地元にそうした伝承はなく、神迎祭でも同様に魚が放流されることから矛盾をはらむ主張であり、本記録では採用しない。

おわりに

今回は加茂神社と氏子区域に伝わる神送祭・神迎祭を紹介したが同様の事例の捜索と比較にまで至らなかった。今後も事例検出を進めたい。

【付記】

本記録作成にあたり、加茂神社の野上克裕宮司・野上裕樹禰宜をはじめ関係者に多大のご高配を賜ったことを特記し、改めて感謝の意を表します。また加茂神社の特殊神饌の調査について多々ご教示導を賜っている佐伯安一先生にも改めて御礼を申し上げます。

南砺市利賀村北豆谷《きたまめだん》民俗小（抄）記

森　俊

佐伯安一先生の多岐にわたる研究テーマの一つに「五箇山」がある。

昭和二十九年、上平小学校成出《なるで》分校の代用教員として赴任されたことからも、先生のこの地の民俗への思い入れの強さがわかる。

先生の長年にわたる五箇山調査の成果は『平村史』、大著『富山民俗の位相』の一部（六章、「五箇山」）、『合掌造り民家成立史考』、『五箇山の報恩講料理』、「利賀村からの贈り物―五箇山の風土と暮らし」（『銀花』六十九掲載）等に結実している。

とりわけ「峠」とそれを利用する谷筋との関連（対応）についての言及（「五箇山と砺波平野を結ぶ峠道」、『富山民俗の位相』所収）は注目される。

先生の浩瀚な業績に及ぶべくもないが、筆者も先生のひそみに倣い五箇山通いを続けており、いくつかの小文をものしている。

ここでは、五箇山調査の一環として過日訪れた利賀村北豆谷の民俗の一端を紹介したい。

平成二十七年八月二十四日、利賀谷最北のムラ、南砺市利賀村北豆谷（標高六二〇メートル）を訪れた。同地ご在住の浦辻肇氏（昭和十五年生まれ）より植物や民具、交通・交易にまつわるお話をうかがうためである。早稲種の刈り取りにお忙しいさ中であった。

以下、実見したことやご教示頂いたことを記そう。

植物にまつわるお話

写真１　ノコンギク

・ノコンギク（野紺菊、菊科アスター属）

山裾から氏のお宅にかけての斜面に開かれた田畑の畦にノコンギク（写真１）が楚々と咲いていた。長く伸びた花茎には何輪もの花がひそやかに咲いていた。花期は平野部より少なくとも半月は早く、季節運行の早さに驚かされた。白色にかすかな紺色を帯びたその花色は、いかにも「野紺」菊の名にふさわしい。

氏によればノコンギクを当地では「オトコヨモギ」（男蓬）と称し、幼い頃、桑の実を蕗の葉に挟んで潰し、それを折ったノコンギクの茎ですくって食べたり、果汁を茎に吸い取らせすすったりしたという。町の人がもっぱらその花を観賞の対象とするのに対して、山住みの人々はその茎をいわば児戯の具としているわけであり、花を観賞する発想はなかったと思われる。庭園という発想が山住みの人々に生まれなかったのと同様であろう。

なお同じノコンギクを福井県ではトンボトリ、ノギク、京都府

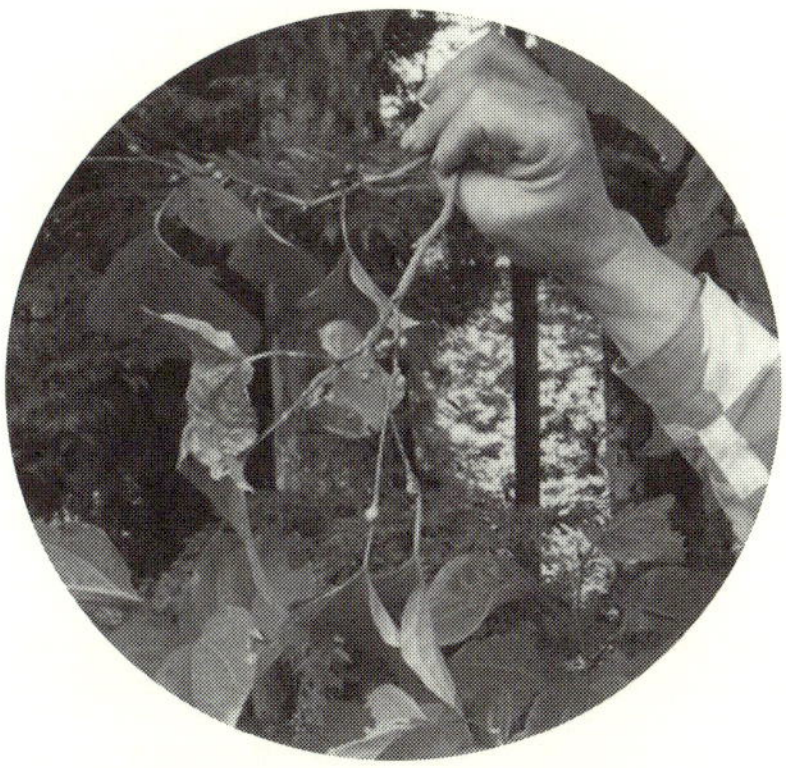

写真３　ダンコウバイの花芽

写真２　ダンコウバイと浦辻氏

ではオトコヨメナ、兵庫県ではオトコヨメナ、キクナグサとそれぞれ呼んでいる（『全国方言集覧　動植物標準和名→方言名検索大辞典』）。ノコンギクも意外と方名の多い植物なのである。

・**ヨモギ（菊科）**

先のノコンギクの上手に高さ一メートル三十センチばかりの円筒形の草姿のヨモギが生えていた。頭頂部には白い小花も多数付いている。奇しくもノコンギク同様、菊科に属する。これまた、平野部と異なり、大きく伸びている。

この新葉を餅に搗き混ぜてヨモギモチ（蓬餅）としたり、葉を乾燥させてモグサ（艾）としたりしたのは他地域と何ら変わらない。

・**ダンコウバイ（檀香梅、クスノキ科）**

斜面の田畑沿いの畔道を下り切った道沿いにダンコウバイが植えられていた。これは氏が雪崩（多発）地より移植したもので、優に樹高三メートルを超える大木に育っている（写真２）。

当地ではこれを小さな花が集って球状を成して咲くことから「ダンゴバナ」（団子花）と呼称し、その黄色の花はほぼ同時期に咲くマンサク（万作）ともども、春の到来を逸早く知らせるものと捉えられている。

花もさることながら、秋の鮮やかな黄葉も見事であるという。早くも葉の腋には翌年の花芽が多数付いていた（写真３）。

・**ツクバネ（衝羽根、ビャクダン科）**

ダンゴバナの植わった道を右に進むと、氏の居宅に行き当たる。玄関前に、目にすることも稀なツクバネが植えられている。樹高約一メートル。

これも先のダンゴバナ同様、氏が標高六〇〇メートル程度の雑木林から移植したもので、それぞれの枝先には独特の追い羽根型（羽根

写真４　ツクバネ

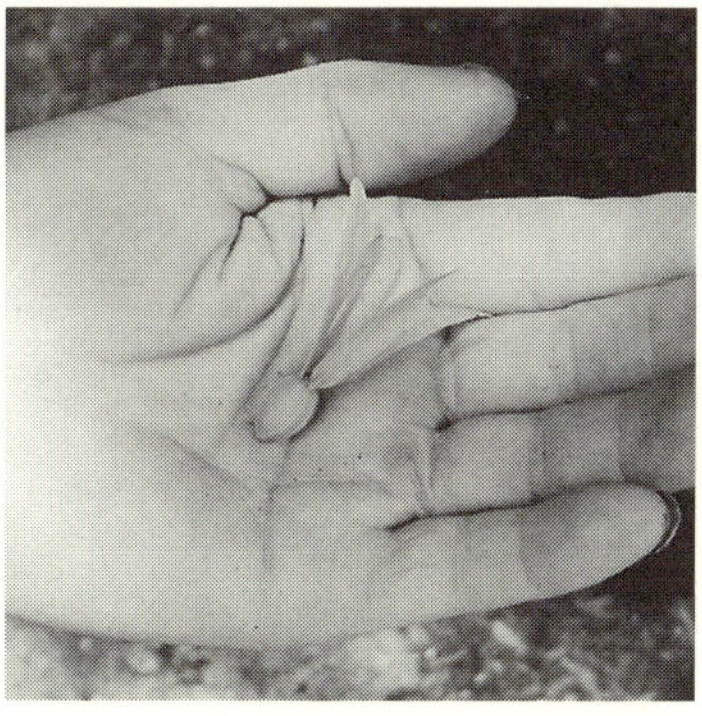

写真５　ツクバネの実

写真６　オオアキギリの花（９月）（中西邦康氏提供）

突きの羽根の形）の実が三個ずつ付いている（写真４）。その名は無論実の形が羽根突きの追い羽根に酷似していることに由来しており（写真５）、実際これを使って羽根突きまがいの遊びをしたと伝わる。山鳥の羽根をススタケ（ネマガリタケ）の軸に差して追い羽根とする方式と別の方式があったことになる。

なおツクバネは根が他の樹木に半寄生し（浦辻家の場合、イチイの木に半寄生）、また雌雄異株のため、双方が揃わないと結実しないという。

・**オオアキギリ（大秋桐、シソ科）**

当地ではオオアキギリを葉及び葉柄が鍬に近似することからクワガラナ（鍬柄菜、菜とは「山菜」の総称）と呼称、春先新芽を茹でて、胡麻などで和えて和えものとする。秋の紫の塔状をなす花はサルビアのようで非常に美しい（写真６）。「日本のサルビア」といわれるゆえんである。

・**ヤマボウシ（山法師）、ミズキ（水木）（いずれもミズキ属）**

以上と異なり、民具の材料として重宝されたのがヤマボウシとミズキである。

前者を当地ではイツキと呼称、木目がマンサクやクロモジ（黒文字）に比して密で丈夫なため表皮を剥いで撓《たわ》め、カンジキ（樏）の前・後輪とする。

一方後者は表皮を剥ぐと白く、またよく分枝するため、余計な枝を切り払い手頃な長さにし、梢と根元を逆にして冬期の入山用杖としたり、枝を整理の上樹幹を短く切ったものをそのまま台に打ち付けてジュズカケ（数珠掛け）としたりする（写真７）。

とりわけ仏壇内左側に置かれるジュズカケは、真宗を篤信する当地の宗教風土を強く反映している民具として、注目してよい。

写真７　ミズキ製
ジュズカケ

他地域との交流

当地と大豆谷《おおまめだん》をあわせて豆谷と総称、西北井波、東北方八尾、南方水無とは「等しく五里隔たっている」と慣用表現されてきた。

これらのうち井波方面への道を井波道、八尾方面へのそれを八尾道とそれぞれ称した。とりわけ重視されたのが越道《こえど》（標高八一〇メートル、写真８）、栃折（標高六二一メートル）両峠を越え、三ツ松峠、仁歩《にんぶ》谷を経由して八尾に至る八尾道で、中途の仁歩には豆谷・八尾双方からの生活必需品、郵便の交換場所が設けられていた。

多雪期には交通が杜絶するため、逓送《ていそう》隊が越道峠を越えて村に郵便物を届けた。ちなみに栃折峠を越えてすぐ西側の城岸家（屋号イチノセ）は八尾の人々の常宿であった。

先の三ツ松、仁歩を経由する道以外に、正間で分岐下ノ茗《したのみょう》を経由するいわゆるセドミチ（瀬戸道、「裏道」「間道」の意）があっ

写真８　北豆谷より越道峠を望む

たが、高低差が激しく、かつ雪崩に遭遇する危険性も高かったため、あまり好まれなかった。

付言すれば、積雪により雪上歩行が可能になる冬期には、カンジキ着用の上、越道峠より更に南のシバ峠（柴峠（標高八八九メートル）を越えて東南百瀬川筋の谷内《やち》集落に降り立ち、川沿いにさかのぼって最上流の上百瀬に至った。

好天時、三時間程度の行程であったという。山住みの人々の冬期間の行動範囲の広さがわかる。この峠は利賀川筋と百瀬川筋を結ぶ重要な峠の一つだったのである。

なお、利賀谷と百瀬谷を結ぶ峠としては、利賀谷の下利賀、岩淵の人々が上百瀬へ赴こうとする場合、南の楢《なら》尾《お》峠を越えたし、逆に百瀬谷の中村の人が利賀谷の岩淵方面へ赴こうとする場合楢尾峠の南の石仏《いしぼとけ》峠を越えたと伝える（下利賀笠原イエ子、上百瀬南端《みなはし》喜代峰両氏御教示）。したがって利賀谷と百瀬谷を結ぶ峠を北より順に列挙すると、越道峠、シバ峠、楢尾峠、石仏峠ということになる。

ともかくも、岩淵以北の利賀谷の人々が標高八〇〇メートルの「山の神峠」を越えて西方の旧平・上平村方面に赴くことは、あまりなかったと考えられる。

以上、利賀村北豆谷の民俗の一端を記した。小（抄）記とした所以である。佐伯先生があまり言及されてこなかった植物（木本・草本）利用、利賀村内及び村外との交流について略述した。今後当地の民俗万般についてより理解を深めたい。

拝啓、佐伯安一先生、米寿おめでとうございます

安ヵ川　恵子

拝啓、佐伯安一先生、米寿おめでとうございます

私が先生に直接ご指導をいただくようになったのは、先生が郷土資料館の館長になられた昭和六二年からですが、私が「佐伯安一」という名を知ったのは、実はそれよりずっと以前だったのですよ。

今から四〇年も前の昭和五〇年の春だったと思います。当時私は広島大学へ進学して一人暮らしをしていました。毎日夕方、ラジオを聞きながら晩御飯を作っていたのですが、ある日、そのラジオから、なんと砺波の方言が流れてきたのです。私が進学先を広島という遠い地に選んだのは、自分の生まれた砺波の地が大嫌いで、少しでもそこから離れたいと望んだからです。東京や大阪のような大都会も嫌だったのですが、それなりの地方都市で、なによりも、砺波から誰も行かないような所を選んで進学したのです。砺波という暗い気候風土、とりわけその田舎臭い「砺波弁」が大嫌いでした（夢を抱いて来てみた広島も決して都会的ではなく、その「広島弁」たるや、砺波言葉にも匹敵する、いやそれ以上にどんくさい言葉でしたが、それはさておき）。

その嫌な言葉がラジオから流れてきてとても驚きました。まごうかたなき「砺波弁」でした。「ほう、砺波の人がこんな広島放送（全国ネットか？）に出るのか」と、心からびっくりしました。方言についての話だったと思いますが、当時、民俗にも方言にもなんの興味も関心もなかった私の頭には、その話の内容は何も残っていません。ただそれを語っていた人は「佐伯安一」という名の人であるということだけが妙に頭にこびりつきました。その後四年間、ラジオで広島放送局の放送を聞いて過ごしましたが、砺波弁を聞いたのはこの時のたった一度だけでした。

大学へ進学するときは、二度と砺波なんかへ帰るもんか、と故郷を捨てたつもりだったのですが、四年間をそれなりに楽しく過ごして卒業はしたものの、就職先も決まらず（というか決めず）なんとなく、砺波へ帰ってきてしまいました。高校や予備校の講師をしつつ、その日暮らしをしているうちに、砺波市に砺波郷土資料館と砺波散村地域研究所ができるという話が伝わってきました。大学で「地域文化コース」というところに身をおき、「地域」を研究することに興味を抱いていたので、できればそんなところで働ければいいなと思っていると、どなたが推薦してくださったのか（もしかすると佐伯先生ですか？）、なんとなく砺波散村地域研究所の「研究員」になり、おまけに砺波郷土資料館で働けるようになりました。

私が入った時の資料館の初代の館長は舘明先生でしたが、舘先生が体の都合で勇退されたあと佐伯先生が二代目の館長として来られました。昭和六二年一〇月のことでした。それから館長を辞められた平成八年三月までの一〇年足らずの間、毎日、佐伯先生のすぐそばで、先生の研究の視点、その方法・姿勢など、有形無形のさまざまなことを学ばせていただきました。

佐伯先生の館長時代のもっとも大きな仕事はなんといっても砺波市史資料編5巻の編さん作業だったでしょう。1巻目の考古・古代中世編はさておき、2巻目の近世編、3巻目の近現代編、4巻目の民俗社寺編、5巻目の集落編など、どの刊も先生の指示の

もとに当時の職員が一丸となって作業に当たりましたね。何から何まで大変でしたが、中でも私自身がもっとも鍛えられたと思うことは、近世編編纂のために数か月間毎日富山大学へ通って十村《とむら》文書の川合と菊池文書を必死になって筆記したことです。先生がすごいスピードで文書群に目を通され、市史に必要だと判断された所に付箋を貼っていかれます。それを今村郁子さんと私が片っ端から筆記します。今ならパソコンを持ち込んで直接入力したかもしれませんが、当時はまだまだパソコンの時代ではありませんでした。原稿用紙に鉛筆書きです。毎日二〇～三〇枚も筆記したと思います。一日の終わりには中指のペンだこがはれ上がり、擦れて手の側面が真っ黒になったものです。なんせ、量が量でしたから、辞書を引いている時間がありません。先へ先へと書き進み、一日の最後に先生に目を通してもらって読み間違いを直してもらうという作業でした。このおかげで、文字を「勘」で読むという訓練ができたと思います。もちろんどうにも読めない字もあったと思いますが、毎日量をこなすことによっておもしろいほどどんどん書き進めることができました。「古文書の読みは、慣れである」がその後の私の確信になりました。

この作業の時、私が質問したことと、それに対する先生の答え、覚えておられますか。

私の質問　「どうしてそんなに早く文書を読んで、大事な箇所がわかるのですか」（先生は、さらりさらりと、ただページをめくっているだけではないかと思われるほどのスピードで、ページを繰っていかれるのです。私には、先生が一ページ一ページまじめに全部読んでいるとは到底思えない速さなのです。そのくせ、確実に、砺波に関係ある個所に付箋がついているのです。不思議でなりませんでした。）

先生の答え　「まじめに全部読まんでも、ななめにパーッと見とるだけで、大事なところから湯気《ゆげ》があがってくるがや」そんな不思議な答えが返ってきました。長く修行を積めば、文字を読む前から、文字の方から訴えてくるようになるのかと、恐れ入りました。

また、かつて、先生は次のようにおっしゃったことがあります。

「どんなに年をとっても、世の中をはじめて見る赤子のように、いつも目をきらきらさせて、まわりじゅうをながめていたい」と。

さらに、こんなことも言われました。初代の散村地域研究所の所長であった浅香幸雄先生が、かなりの高齢にもかかわらず、宮村総合調査のとき、みずから率先してムラ歩きをされたことがあります。その浅香先生の態度に「大したもんや。あれだけの年になってだれもができることではない、自分も見習いたいものだ」と。

大丈夫です、先生。いまでも常にご自分で車を運転して繁華街であろうが、山奥であろうが、どこまでも調査に出かけられる、その真摯な態度は誰にも負けません（ただ、身近にいる者としては、先生の車の運転のしかたが非常に気になるところですが）。

先生が資料館を退職されてもう二〇年にもなるのですね。いつのまにそんなに日が経ってしまったのでしょう。でも、いまだにことあるごとにお宅を訪ねたり、資料館へ来ていただいたりして、何から何まで指導を受け今日に至っています。私はまるで独り立ちできません。本当に心からありがたく思っています。

三〇年前の、砺波のことは何一つ知らなかった頃の自分に比べれば、今は、砺波の歴史・民俗・地理に関することなど、少しはものを知ったように思うこともありますが、何かひとつのことを調べようとすると、いかに自分の今持っている知識が少ないか思い知らされます。知らないといけないことが次から次へと出てきて、頭も心も押しつぶされるような気になることがよくあります。学んでも学んでもまだ知らないといけないことがいっぱいあります。学べば学ぶほど、さらに学ばないといけないと思うことがどんどん増えてくるような気がしています。

わからないことがあれば、「困った時の神頼み」ならぬ、私には「困った時の佐伯先生頼み」です。先生は、私の疑問に答えて下さったあと、必ずご自分が今何をしているのか、そこでこんなことが新たにわかったということを逐一私に説明してくださいます。そのご様子が本当に心から楽しそう。私にとって佐伯先生という人は、もう、砺波地方のことなら知らないことは何もないという先生なのに、その佐伯先生でさえまだ新たな発見が次から次へとあるのかと、私にはいつも驚きです。

これからもますます、赤子のような目の輝きをもって、さまざまな疑問点に関して、ますます意欲的に問題解決に取り組まれますよう、心からお祈り申し上げます。そして、いつまでたっても未熟者である私はじめ資料館のメンバーや富山民俗の仲間たちのよき指導者であってください。お願いいたします。

かしこ

平成二七年一一月

平成７年　砺波郷土資料館へ来館された高円宮を案内する佐伯先生（65歳）

昭和62年　若狭歴史民俗資料館大森宏氏の講演を聞く佐伯先生（57歳）

平成13年　新用水を現地調査する佐伯先生の後姿（71歳）

常民へのまなざし　佐伯安一先生米寿記念文集

2016年２月２日　初版発行

定価　本体1,500円＋税

編　集　佐伯安一先生米寿記念文集編集委員会
発行者　勝　山　敏　一

発行所　桂　書　房
〒930-0103　富山市北代3683-11
電話　076-434-4600
振替　00780-8-167

印刷／株式会社 すがの印刷

地方・小出版流通センター扱い　ISBN978-4-86627-000-5